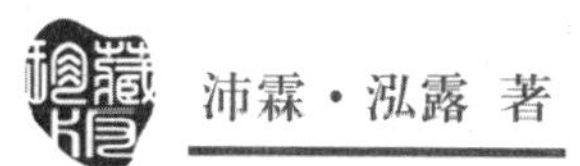

沛霖·泓露 著

时间是朋友

SHIJIAN SHI PENGYOU

在今天和明天之间，
有一段很长的时间；
趁你还有精神的时候，
学习迅速办事。
——(德)歌德

中国商业出版社

图书在版编目（CIP）数据

时间是朋友 / 沛露·泓露著. -- 北京 : 中国商业出版社, 2017.5
ISBN 978-7-5044-9717-8

Ⅰ. ①时… Ⅱ. ①沛… Ⅲ. ①时间－管理－通俗读物
Ⅳ. ①C935-49

中国版本图书馆CIP数据核字(2017)第031578号

责任编辑：姜丽君

中国商业出版社出版发行
010-63180647　　www. c_cbook. com
(100053　北京广安门内报国寺1号)
新华书店经销
永清县晔盛亚胶印有限公司
*
720×1000毫米　16开　16印张　200千字
2017年6月第1版　　2017年6月第1次印刷
定价：38.00元
* * * *

前言

一生只有三天，昨天、今天、明天。

昨天已经离我们而去。昨天我们可能因为失意痛哭流涕；可能因为成功欢呼雀跃；也可能因为碌碌无为而无聊空虚，不管怎么样，昨天已经过去。它只能存在于我们的脑海之中，还有就是通过今天提醒我们，因为今天的状况是昨天造成的。

今天，就是你拿着书的这一刻。不要犹豫模糊，小心今天已经悄悄溜走。今天总是非常短暂，特别是在我们快乐的时候。今天可能进行着昨天的计划，那么佩服你是个时间的主人。如果你不知道这一天要干点什么，不妨继续往下看这本书。

如果不知道今天要干什么，那么就更不会知道明天要干什么，也就更不知道自己明天会成为什么样子。明天是个约会，明天就是

我们的未来，它掌握在我们手里，掌握在今天手里。许多人总是喜欢把重要的事放在明天解决。如果你是有计划的人，那没有任何问题，而如果只是因为今天没有把事情办完，那么情况就很糟糕。因为这说明你浪费了今天，可能也毁了明天。

其实，从小的时候，先生就教会我们背诵“一寸光阴一寸金，寸金难买寸光阴”。每个人都知道时间是最为宝贵的财富，可是很多人并不知道该如何使用自己的这笔财富。我们会把它挥霍在许多没有意义的事情上，甚至自己都没有发觉。生命如流星一样短促，一旦失去就永远找不回来。

我们总会说，时间是宝贵的，时间是不可重复的，从小就被灌输要珍惜时间。可是没有人告诉我们，如何才算是珍惜时间。一生中，认真做应该做的事情，才不会虚度光阴。

有人只知道玩乐，他们知道人生苦短，所以才抓紧时间及时行乐；有人是工作狂，他们总觉得时间不够用，他们不知道疯狂工作让他们失去了生命中很多的美丽，这也是一种浪费。我们大部分人不会这么极端，但是却容易陷入时间的陷阱之中。我们总是忙于我们认为重要的事情，不惜让大把大把的时间浪费其中，就这样时间在我们混乱的忙碌中流失。回头发现，原来认为重要的事情，其实不过如此。

在有限的时间内，如何完成人生这一篇文章，交出令自己满意的答卷。那就是人生不应该在任何一个章节有所缺憾，而应该饱满充实，一生中的每一天都应该是充实丰富的。

目录

第一章　时间是深思：获取内心的空灵

第二章　时间是学习：腹有诗书气自华

第三章　时间是助人：与人为善是快乐的源泉

第五章　时间是休闲：身心健康的保障

第六章　时间是爱人：塑造生命的动人乐章

第七章　时间是去笑：用笑容解除烦恼

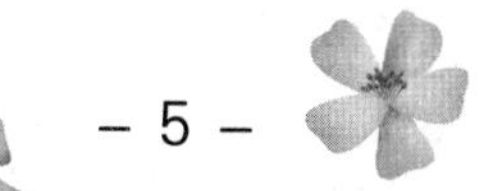

第八章　时间是竞争：获取财富的保障

第九章　时间是反省：让人生不在迷茫

第十章　时间是计划：成功生活的要诀

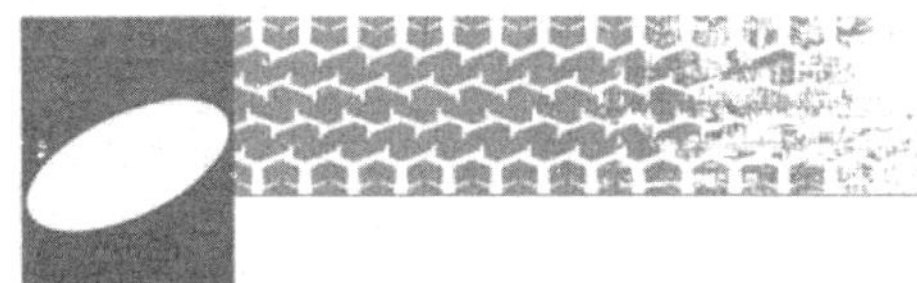

第一章

时间是深思：获取内心的空灵

◎珍惜生活的每一天

当你懂得有一天要死去的时候，就该暗下决心以最好的方式活下去。

早上起床的时候，往窗外一看没有太阳，天气很糟糕，心情变得很不爽快。忽然接到一个很久没有联系的同学打来的电话。开始很意外，接着更加意外。在他的讲述中，我知道了以前中学时候的一个同学得了癌症，已经在这个城市一家的医院治疗一个多星期了，作为以前的同学，大家相互联系应该去看望一下。他最后的话有点哽咽，他说可能时日已经不多了，真没想到。我脑子里尽力往回去寻找，关于这个同学在我记忆中的碎片。只记得自己中学的时候，没怎么和这个同学说过话。只是记得他跑步很快，在学校的运动会跑步比赛拿过第一。

后来和同在这个城市的几个同学一起来到了医院，我们事先商量当着人家不能哭了。印象里健康的小伙子已经被病魔吞噬了，剩下这个脸色苍白的病人。看到我们，他很激动也很开心。他的家属说，得知我们要来，今天一大早他就醒了。再坚强的人生病的时候也需要别人的关心，我们聊着以前的学校的趣事，笑得前仰后合。我们说等他动完手术再来，他笑着点点头，那笑容显得充满希望。

他家属送我们离开的时候，说过几天就动手术了，成功率很小，很危险，说着说着就流泪了。我们劝说现在的医院很先进，他会好起来的。但同行的几个女生终于忍不住哭了。

后来再听到那位同学消息，他已经不在人世了。现实就是现实，不会出现任何奇迹。那种忧伤一直伴随着我好长时间，也许人生并没有想象中的那么漫长。人的一生，大概从知道“死”，才算是懂事的开始。死总是忌讳的话题，我不记得自己是什么时候开始知道了人人都要死这个残酷的道理。记得当时我疑惑了很长的时间，每次问父母，总要遭到一顿白眼，才知道这是一个不能谈论的话题。

死的墓场和生的鲜花常常是这样相容的。墓场开着鲜花，鲜花掩盖着墓场。对死有了严峻的思考，才会有对生的热烈追求。《红楼梦》里的黛玉见落花流泪，见枯叶失意，引得大家对她都是怜爱有加，可是太过憔悴的人生经受不了风雨的打击。

一个搞艺术的朋友，不知道从哪里弄来一个人的骷髅摆在家中。每次我去，我一个人面对骷髅坐着的时候，总觉得寒气阵阵。一直以为是爱好艺术的人标新立异，特立独行而已。但是朋友告诉我，那个玩意是用来提醒他自己的。“提醒什么？”我好奇地追问。“它让我想起来自己马上要死了，得抓住自己的分分秒秒啊。”朋友半开玩笑地回答说。

也许不用这个样子来刺激自己，倒不如换个表达：“活着是美好的！”

一次作家海明威在飞机失事的时候，认为自己肯定会死了。然而人生就像一部小说充满让人惊喜的情节。海明威死里逃生后读到自己的讣告的时候说：“一个人有生就有死，但只要你活着，就要以最好的方式活下去。”

我想到了作家三毛在撒哈拉沙漠举行婚礼的时候，那个外国丈夫荷西送来一副骆驼的头骨让她欣喜若狂……

人知道了死才知道活的分量。我们要抓住生的每一天，努力发掘生的价值。

◎谁动了我的奶酪

我们心中都有自己想要的“奶酪”，我们追求它，想得到它。因为我们相信他能带来幸福和快乐。然而当我们得到了“奶酪”，又常常对它产生很强的依赖心理，甚至成为了它的附庸。我们害怕失去“奶酪”，现实中，不断有人拿走你的“奶酪”，我们又该怎么办呢？

战胜自己，战胜害怕变化的恐惧。

年轻的杰克买了一幢豪华的别墅，他每天下班回来的时候，总看见有人从他的花园扛走一只大木箱，装上一辆奇怪的卡车拉走。他还来不及喊，那车就走了，这天他决定开车去追。那卡车在一个城郊的峡谷停下。

杰克发现陌生人把箱子一个一个卸下扔进山谷。山谷里也堆满了箱子。杰克于是过去问从他家扛走的箱子里装的是什么。“是日子，是您虚度的日子。先生，你家还有好多，你不知道？”

杰克打开箱子，箱子里有一条秋暮时节的小路，他的未婚妻一个人正在慢慢地走着。

第二个箱子，里面是一间病房。他的弟弟约翰正在病床上等他归来。

接着打开第三个箱子，原来那所老房子的栅栏门口，他那条忠实的老狗正在等着他，已经骨瘦如柴了。

“我想取回这三个箱子，我求求你，起码给我三天时间，我有钱，你要多少都可以。”杰克激动了。

陌生人做了个不可能的手势，意思是说：太晚了，已经无法挽回。接着那人和箱子一起消失了。

时光在不经意间从你身边溜走，在不经意间，你的“奶酪”被人挪走。不要为失去的“奶酪”浪费时间，坦然面对发生的一切，调整好心态积极应对。

在公司的大楼里有个开电梯的老头，上班的第一天我就发现，他只有一只手。想来其实是有点让人恐怖的事情，可是老头每次热情的态度和慈祥的笑容渐渐消除了我心中的恐惧。时间长了，每次坐电梯总能和他聊上几句。

我问他没有了手会不会难过，日子过得一定很艰难。他却开玩笑说，“没事阿，我开电梯，只要一只手就够了。”

他说用不到另外一只手的时候根本不会想到它的存在。这只手是因为在车祸受伤，后来就给锯掉了。本来那次车祸自己肯定死定了，正是因为这只手挡住了脑袋，才用换回一条命来。他并没怎么为这件事情难过，因为已经这样了，伤好了以后就找了这个开电梯的工作。

一位心理学家说过：“要乐于接受必然发生的情况，接受所发生的事实，是克服随之而来任何危机的第一步。”不管是在工作中，还是在生活中，积极面对挫折。不愿意面对失败的人，永远都失败；敢于面对失败的人，即使失败，也仍然是胜利的，因为他知道如何对待挫折。

事情既然如此，就不会另有他样。在工作中，会出现种种令人不快的危机，把他们当作不可回避的情况加以接受，并适应它，千万别因为忧虑毁了自己的生活。其实没有人能动你的奶酪，除了你自己。

◎人生如茶

一直在苦苦追问自己，人生是什么。

小丁很早就喝茶，是因为以前总是跟着爷爷去一个好地方——满园春。

印象里的满园春茶馆，四周都是木板墙，墙上挂着不知道是谁的水墨山水和歪歪扭扭的书法，古色古香的座椅，洗尽铅华，似乎还散发着淡淡清香。有时会有票友上台表演，古筝、二胡、相声段子，淡淡的茶香萦绕着这间小屋子，这样的景象在我记忆中如此深刻。

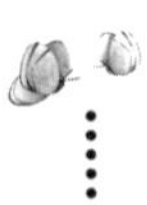

爷爷以前是个语文教师，去茶馆的路上有很多人认识他。他总是笑着和你打招呼，那时候觉得爷爷是个很了不起的人。他总是有讲不完的故事，我们总是围着听他讲，他也从来没有骂过我们一句。

回想起来，小丁爷爷离开我已经很远了，但是印象还是深刻。爷爷脸上深深的皱纹，一笑起来如同刀刻的一般。陪爷爷去茶馆的时候，茶香幽幽，茶气袅袅。其实小丁不会喝茶，但是喜欢看着，一朵朵茶叶像花儿一样慢慢地开放，最喜欢趴在爷爷身边听他讲以前的故事。

爷爷年轻的时候，要去很远的一个小山村里给小孩子上课，常常因为批改作业，半夜借着月光才能赶回家来。他说自己都不知道那个时候摔了多少跟头，有时候还能见到山上的野猪乱窜，后来才明白那种野猪其实是很凶狠的，有时候能要了人的命。

爷爷后来一直在一中学教语文。他爱喝茶，小丁不会喝茶，却愿

意跟着他去茶馆。爷爷说，这一辈子就像这茶。等小丁明白了爷爷的意思，爷爷已经离他而去了，当小丁苦苦思索人生的时候，脑子里总是出现那个幽幽茶香的情景：

举起手中的茶盅，轻轻嗅一嗅后，缓缓入口，齿间留香，舌尖流转，细细品味着茶中的三味。

色，淡淡的。香，浅浅的。味，涩涩的。很多人的一生都是平淡而激烈的，人生就像是一个不特别亲热也不格外疏远的朋友；对你永远不会那么激烈，你可以慢慢地回味而且余味悠长。

◎生命之外

为了心灵的震撼，为了灵魂的苏醒，为了生命的愉悦，上帝创造了美。

曾经在一本小册子上看到的故事，让我坚定了信仰，它远远胜过了任何布道。

麦克和比尔已经相互仇恨了很多年，在最近一次见面时如果没有人阻拦，他们一定会打起来，他们的仇恨到了化解不了的地步。

从那一天开始，麦克随身带上了枪，而比尔听说麦克带上了枪，也在腰上挂着一把枪。有一天，比尔的朋友告诉他，麦克放出话来要杀死他。比尔决定先下手，在半路上等着他。那天下午，他朝麦克家的方向走去。在距离他家大约一公里的地方，比尔看见路上有人走过来，他急忙躲进路旁的灌木丛里，掏出枪握在手中准备偷袭麦克。

麦克还没有过来，他抬起左手去拉开旁边的灌木树枝，在那个树枝上边有一朵美丽的小花，他忍不住摘下来握在手中。“我妈妈曾经很喜欢这种小花。她去世的时候，手中就是握着这种花安葬的，这让我想起了妈妈希望我成为什么样的人。”当比尔抬眼看见自己左手上的那朵小花的时候忍不住想起了一些事情。

事情因为一朵小花发生了变化，比尔不想再去伤害麦克。他想事情就这么解决吧，他们之间没事了，本来就没什么事。一切就这么结束了。

故事好像没有想象的精彩，也许会有人怀疑故事是杜撰的，但我

相信故事是真实的。

一朵路边毫不起眼的野花有着它自己存在的价值。世间的一切都有着他存在的意义，生命的涵义要比我们想象的复杂。

生命之外还有很多美不可言的东西，他们让我们的心灵震撼，灵魂得到苏醒。关注身边的美丽，关注过去的曲折，可以让我们慢慢地从悲哀中走出来，重新获得和谐平静的心灵境界。

◎沧桑是人生的一种风景

沧桑是美，是饱经事故的成熟。

人生有不同的体验，“喜怒哀乐”这几种人生体验每个人都会经历。我认为其中最为厉害的是“哀”。因为其他三种都是来去如风，在很短的时间内出现，又在很短的时间内消失不见，没有什么好担心害怕的。而哀伤却会一直伴随着你，渐渐形成一种气质。

“喜”如微风，微微掠过心湖时候，泛起的只是小小的涟漪。远方好友的一封来信；童年时，妈妈下班带回来的大蛋糕；老师的表扬；身上的新衣服；进球的欢呼，这一切美好都会让人泛出微笑。

“怒”如飓风，强大的破坏力让人畏惧，它来的时候，树木被吹倒，房屋被掀翻；而当它离你而去，就变得一片寂静。虽然在短时间内可能很难忘记它带给我们的伤害，但是随着时间的推移，我们可以用自己的努力去改变，过一段时间就很难再找到飓风的痕迹了。

“乐”如夏日清风，让你心情涣散，清凉闲畅。10年寒窗苦读终于等来了心仪大学的通知书；10月怀胎得来的宝贝儿子；埋头创作换来的新书出版；努力工作得到升职……丰盈的成果就像是心房上挂着的快乐风铃。

“哀”完全不同，它更像是一把刀，如同一块铅。开始的时候，它把你的心割得鲜血淋漓，而且并不是一下作罢，而是如同古代的凌迟一般。在你伤口慢慢开始愈合的时候，它就像一块沉甸甸的铅，压在你的心头，任何时候一想起来，都会乌云密布。它的可怕之处在于

它的挥之不去日积月累的力量。

事物本身没有改变，但是你的心境不一样了。以前，自己小时候，小学就在家附近。所以下课的哨子一响起来，我就会跑回家。那下课的哨子就像是军队发起进攻的号角。回家的理由很多，饿了，渴了，哪怕是回去撒泡尿也是理由。母亲总是笑呵呵的样子。小时候，家就是一块磁铁。

渐渐长大，我开始和同学一起在外边玩耍。青春焕发的少男少女，对他们来说，家就像是束缚自己去飞翔的“樊笼”，我也不例外。总在想，什么时候能摆脱这个羁绊，飞翔在自己辽阔无边的美好天地。母亲的关怀和劝告在我眼里成了唠叨，只能增加了我对这个“樊笼”的厌恶。我觉得自己应该去四方流浪，而不是在这个地方逗留。

再往后，讨厌家的人，自己成了家。这个时候，家就是温床，一个自己辛苦建立的窝变得那么可爱。新婚的人愿意成天粘在家里，享受着家带来的温暖和甜蜜。在这个家中可以自封为王。

到了中年把家看成是一个避风的港湾。为了三餐在外忙碌，为了生计在外奔波。外头有大风大浪，外头有枪弹毒箭。被雨打了，被风吹了，中弹中箭都没有关系，有个可以让你治病养伤的家。孩子爽朗的笑，妻子做的可口的饭菜，老父亲满头的白发，老母亲接到你电话那会心的笑声，总让人心头温暖。前路艰辛，却可以因为他们而继续向前。

故事总是在以惊人相似的情节发展着，你发现自己苦心经营的家又会成为你孩子的“樊笼”，可能你已经两鬓斑白。那时，笼中鸟总又飞走的一天，相依为命的老伴也会驾鹤离去，家成了一个空壳。

人生如同一条弯弯曲曲的河流，你知道它源自什么地方，去的地方也只有一个。它潺潺地流，流过山川，经过峡谷，流经平地；看过万般妩媚的风景，也看过风起云涌的险恶景致。这样的人生才是美丽的，因为它经历沧桑。

沧桑是美，是饱经世故的成熟，是处变不惊的淡定。不用悲伤，不用痛苦，昨天的沧桑是人生美丽的风景。

◎人生何必固执

新东方的俞敏洪经常成为老师们开玩笑的对象，老俞的经历成了老师课中有趣的段子。传说，没有成功前的老俞一直想去美国留学，因为钱不够没有完成心愿。而当初开设新东方最原始的想法，就是为了赚钱去美国留学之用。没想到却发现了这个巨大的“金蛋”，新东方越做越大。

还有一个类似的故事发生在遥远的美国，那时候很多人都去西部淘金。许多年轻人怀着对财富的追求，不远万里来到美国的西部。显然很多人挖不到金子，很多人还是一样很穷。但同样是去西部挖金子的人虽然没有挖到金子，却一样富裕了起来。他们发现卖给同去挖金人“牛仔裤”能让他们有钱起来。事实证明他们想得是对的。

一个朋友13岁开始学习画画，一直没有去工作。我知道画画本身是件很快乐的事情，但是要为了一天三顿饭而画，就变得痛苦。我也知道很多靠艺术为生的人，为了卖出自己的作品，要应付买主；为了打知名度，应付媒体，甚至做一些哗众取宠的事情。在没有出名以前，你得不停求人，而这些你必须得适应。

朋友和我说，他有时候很后悔以前怎么就去学了画，他宁愿自己跟着他老妈学做衣服，至少现在有一技之长，可能还是一位很出色的裁缝，也不用担心将来饿了自己的肚子。我开玩笑说：“你现在学去啊，又不晚？”他笑笑。

我知道他心里还是爱着画画。

他说，当年听说毕加索一生的作品有2000多件，当时的想法是，这根本没什么了不起，自己是有一天一定要超越“老毕”。后来才明白，自己太天真了，即使是画家，也要有生活的压力，也有很多俗务，每天只要睁开眼睛都必须去面对，而梦想变得越来越遥遥无期。

他有一段时间甚至不知道自己能做什么。很多了解他的朋友劝他：“光有才华没有用啊！还需要知道如何谋生。”他说也许朋友是对的。

后来有一次，我接到这个朋友的电话，他说他和女朋友开了个花店，有空请我过去玩。那天我到他的花店，觉得小花店挺特别的。他自豪地告诉我，这个店是他和女友一起进行布置的，墙上的画是他自己满意的作品。他对我说，现在他每天5点起床，然后到花市买花，再回到店里打点，或者外出送花，晚上9点打烊回家，10点睡觉，生活很有规律。

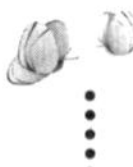

我印象里他总是中午才起床，晚上却可以通宵作画。看着他发胖的样子，我问他你的画怎么办，不画了？

“怎么能不画，我可是个艺术青年！”大家都乐了。他说现在的状态很好，每天和人打交道让他自己觉得很踏实。以前，常常看人不顺眼，对人挑剔；现在，天天出去送花，顾客也会嫌这嫌那，怪这怪那。以前他厌恶求人，现在为了能卖出花去，还是一样拜托顾客能上门。生活中有很多不能避免的事情，人生本来如此。

人生何必固执，有些你一直坚持的事情不一定是真理。昨天的真理今天也许不实用了。转个弯，也许会有更美好的风景。

◎放弃那些不合适你的

放弃那些不合适你的。它可能根本不属于你，也许只是你的障碍。

放弃是一件让人痛苦的事情，然而必须学会。人生有两个难题：一是抓住机会，一是放弃机会。能成功的人都是能抓住机会的人，一个人可以浪费自己的时间，可以挥霍自己的金钱，但是却没有多少机会可以让他浪费。人生可能是很吝啬的，只会给你一次机会，错过了可能就是你一生的遗憾，属于你的机会不会很多。

有一位白手起家的企业家朋友对我说，现在他赚钱的机会很多。每天都会有各种各样的人找到他，要和他做项目。有政府的项目，也有很多别的机会。而现在的机会都是建立在他第一桶金的基础之上的。他说他的第一个500万元来得最难，后面的路越走越宽。没有第一个500万元，肯定也没他现在的家业。他笑着回味自己的发家史。他还说，现在只要挑几个不错的项目做一做就好了。

他的话说得很实在，在“马太效应”的作用下，一个人一旦抓住了成功后，更多的机会就会随之而来。而在初获成功以后，心态最容易改变。我想起自己当年在中学的第一年里，非常用功。在期末的时候，成绩从班里的20名一下子就到了全班第一。拿着成绩单心里那个高兴，恨不能飞回家去告诉母亲。因为从小到大，我都没拿过第一。

母亲如我想象中的那么开心；老师也对我刮目相看，照顾有加。在光环照耀下，我变得精神亢奋，自我膨胀，希望自己以后永远是第

一。因为骄傲，我的排名又回到了20名。就这样，我是在进步和退步之间，完成了自己的学业。后来我明白了“第一”其实没有自己那时候想像的那么重要。学习并不是为了“第一”，“第一”也不意味着什么。当时自己应该不去在意“第几”，而应该踏实地学习，当然这都是后来明白的。放弃“第一”的束缚，可能你会做得更好。

人的精力是很有限的，人的才华只能发挥在适合自己的领域，换句话说，只能选择最合适自己的东西。不舍得放弃的结果可能就是被迫放弃。

当你每次在“麦当劳”吃东西的时候，肯定不知道它同时也是世界三大飞机制造商之一。不用惊讶，不用为自己的知识的匮乏而惭愧，因为每个人的精力是有限的。“麦道”飞机就是这个世界快餐大王的产品。飞机上绝对找不到“麦当劳”的标志，虽然这个标志几乎所有人都知道。因为“麦大叔”知道他们的快餐文化会让乘客们觉得他们的飞机并不可靠。“麦大叔”的房地产公司也是一样，根本看不出和“麦当劳”有任何关系，连名字都是重新改过的。

成功的路上总有机会出现，难的是保持自己头脑的清醒，学会选择，学会放弃。舍得实际上是为了以后更好的机会。放弃不属于自己的机会，并不是消极悲观。相反，懂得放弃的人往往有更高的智慧和更坚强的心灵。

认识自然，改造自然，顺其自然，回归自然。舍得放弃就是回归自然。成功的人生不是和命运抗争，只是在无数机会组合之中找到自己的最大值。为了得到大这个最大值，首先学会放弃。

患得患失是人性的弱点之一，智者能在得与失之间得到平衡。舍得舍得，有舍才有得。

◎抓住不经意间的机会

幸福的意外是任何时候都存在的，关键在于能否挖掘。

我们在苦苦寻找自己想要的某种东西的时候，却偶然发现了其他更有价值的东西，这也许就叫“意外的收获”。

古希腊数学家阿基米德由于找不到分辨皇冠真伪的方法，一直很郁闷。他觉得自己的脑子没有办法思考，而一直垂头丧气。于是他决定去澡堂洗个澡，为的是能让自己紧张的心情得到放松。当他泡在澡堂里的时候，发现水溢出来。他忽然脑子一转，苦苦思索的答案出现了。他飞奔回家去做试验，甚至连衣服也没穿上。

科学史上很多伟大的发明都是在意外中出现的，这些发明造福了我们，成为科学史上非常重要的具有里程碑意义的事件。德国化学家发明新炸弹；科学家发现糖精；奥斯特发现电磁现象；德国物理学家伦琴发现X射线。这种幸福的意外在任何时候都会出现，问题在于你是否善于发现。

在大学还没有毕业的时候，我的一位同学就开始准备考国家公务员。每天晚自习都会看书到很晚，而在临近考试的时候更加努力。然而公务员考试竞争很激烈，他在考试中没有发挥好，结果成绩很不理想。可想那种情况下人总是很失落的，而他也沉浸在失败的气氛之中。

当其他同学忙着准备面试的时候，他依然没有从失败的阴影中恢复过来。有人劝他，只不过是考试而已，还得继续准备，没准能找

到更好的工作。他也开始尝试着去投简历。一天，我接到他打来的电话，说已经被一家银行录取了，待遇很不错，而且笔试成绩是第一名，这得益于准备公务员考试期间的积累。经过笔试的优异成绩，后面的面试异常顺利，很快就拿到了银行的OFFER。

真是无心插柳柳成荫。人生中有很多的幸福的意外，但是，机会总是垂青于那些有准备的人。我那位一直准备公务员考试的同学，如果没有当时的努力也就不会有后来出色的笔试成绩。

最好的机会在不经意的时候就出现在你的面前，抓住它，就会拥有完美的人生。

◎态度决定生活

大雨过后和妻子出门散步，看见一直蜘蛛艰难地向墙上爬去，我知道它是想回到那个支离破碎的“家”中。可是由于墙壁很潮湿，所以它一次次地爬上去，又一次次地掉下来。

我感慨地说：“你看，我们很多人的一生不就像是这只可怜的蜘蛛吗？一次次努力到头来还是一无所有。”妻子笑着说：“也不对，蜘蛛经过一次次地失败，却能越战越勇，我们就该像蜘蛛一样。”

什么样的选择决定了什么样的结果，以积极的心态面对人生，人生会不断给你惊喜；以消极的心态选择，你就会一次次地错过机会，到头来只有无限的遗憾伴你到生命的尽头。

在一个镇上有位老太太，她有两个女儿。一个嫁给了卖伞为生的生意人，另外一个在一个染坊工作。这样一来老太太天天忧愁，当天气放晴的时候，她想卖伞的女儿因为没有人买伞可能就得挨饿了；天下雨了，老太太又担心另外一个女儿的染坊做不出布来。就这样，这位老太太不管下雨晴天总是心事重重的。

有一天，有人劝老太太说：“你应该天天高兴才是，你想阿，雨天的时候大女儿伞卖得好，你为她高兴吧？晴天了，你的二女儿染坊生意就好了，你又得高兴了吧？天天都是好日子，你老人家可有福气了。”老太太一想可不就是那么一会事情嘛，从此，不管是晴天下雨天，她总是笑口常开。

一个朋友打电话说来诉苦，说和他交往了两年的女朋友抛弃了

他。他现在很伤心，连死的想法都有，做任何事情都没了精神。我不知道这么劝慰他，知道这样的感情挫折似乎每个人都会遇到，当处在事情之中的时候，很难自拔。我问他说：“两年前你是怎么样生活的？”

他不明白我的意思，说：“两年前，我刚刚参加工作，自由自在的单身汉一个。”“那你现在就当自己回到了两年前，继续做你快乐的单身汉啊？”

我不知道，当时我劝慰我朋友的话有没有起作用，我相信我说得没错。人生会遇到各种各样的挫折失败。但是需要乐观对待，用积极的态度去看待生活中的事情。也许一开始说服自己并不容易，但是经过慢慢地习惯，自己会变得积极乐观，也许自己的人生就开始慢慢地改变。

同样是半杯水，乐观者兴奋地说：“真不错，还有半杯水！”悲观者会沮丧地说：“真不幸，就剩下半杯水了。”问问自己，那半杯水是满的还是空的？

◎耐心等待

等待在生活中的意义要比我们想象的重要得多。

从前有个年轻的农夫，要和他情人去约会。所有的小伙子都有性急的毛病，他早早地来到了约会的地点。在等待中，他开始变得烦躁。虽然那一天阳光明媚，春色迷人，花枝娇艳，但是他却被心中的焦虑折磨得走来走去，他在担心是不是女孩不愿意来了，还是女孩的父亲不同意女孩和农夫交往。他唉声叹气，一头倒在大树下。

忽然一个侏儒出现在他的面前，侏儒对他说："我知道，你为什么怎么闷闷不乐。拿着这个纽扣，把它缝在你的衣服上。你要遇着不得不等待的时候，只需要将这个纽扣向左转一转，你就能跳过时间，想多远就能多远，不用等待。"

年轻人看着这颗神奇的纽扣，觉得如果是真的，那他就不用再花时间无聊地等待了。他立即将纽扣缝在自己的新衣服上。向左轻轻一扭。侏儒说得是真的，他等待的女孩子出现在了他的身边，还朝着他深情微笑。

他觉得应该再快一点，想直接到他和心爱女孩结婚的日子，不用经历中间漫长的等待。他于是用力一转：丰盛的酒宴，管乐齐鸣，他和他的情人并肩而坐，他抬起头，看见美丽的妻子。心里想，现在只有我们两个人，那该是多么完美。

他又稍稍转动了一下纽扣：立刻一切消失不见，夜深人静……

他的愿望越来越多，层出不穷。

“我们应该有个大房子！”大房子一下子出现在了他的眼前，房子是那么漂亮，宽敞明亮。

“我们应该有一些可爱的孩子！”顿时儿女成群，围绕在他的眼前。

他在漂亮的房子里看着自己的葡萄园，觉得它应该是果实累累的，而不应该是这个样子，于是他偷偷地转动了一下衣服上神奇的纽扣。脑子里的愿望没有完结的时候，他总是想让一切成功和喜悦来得更快。急不可待的他，一次又一次地转动着那颗纽扣。当他最后一次转动纽扣的时候，纽扣脱落了，他的生命也到了尽头。生命就这样从他身边急逝而过，他也再没有需要为之转动纽扣的事情了。

性急是年轻人都会有的毛病之一。不愿意等待，一味追求满足。总是看到别人成功的光环，而看不见人家背后付出的汗水和鲜血。即使是等待在生活中也有它的意义。

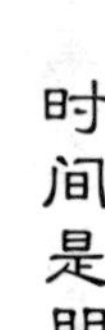

我给这个故事想了一个结局，年轻人在弥留的时候，握着掉下来的纽扣，浑身颤抖，他多么想往回转转，回到自己那个年轻的时候慢慢地等待。他用尽力气向右一扭。

他猛地从梦中醒来，发现自己衣服的扣子已经被自己扭下来握在手中。他高兴不已，发现自己还很年轻，在大树下等着他美丽的情人。他的烦躁已经烟消云散了，看着蔚蓝的天空，听着悦耳的鸟语，以等待为乐。

◎放慢生活的脚步

有一则故事好像在嘲笑傻人，我倒觉得那是一种智慧：下雨了，大家都在往前跑，惟有傻子一人不急不慢，在雨中踱步。有人问："干嘛不跑？"傻子回答是："急什么，前面不也下着雨？"

在我记忆当中有一幕一直挥之不去。那是一个炎热的中午，我因为要去办事，所以急急忙忙地赶路，在一个路口焦急地等待绿灯出现。忽然听到汽车轮胎急促的嘶叫声，我赶忙朝着这声音传来的方向望过去，一辆失去控制的汽车冲向了人行道，撞在了我身边的护栏上，而在另外一边是个被撞倒的男子。那男子的自行车已经被撞得完全变了形状。等我反应过来，发现那辆出事的红色轿车就停在了我的跟前。

"车子没有撞着我。"从巨大的惊吓中反应过来，连忙对自己说。我庆幸自己能在这样的情况下没有事情，也许再往前面几米，我的生命可能就此结束。回到家，我思考有关生活中危险和匆忙之间的关联。那天出事的司机也许有很重要的事情，才会那么行色匆匆；那天出事的男子，也许正为生计奔波。对谁来说，时间都同样珍贵。

在现实社会，因为匆忙发生了许多悲剧。每天都会有人因为匆忙而葬送了自己的生命。在经历了和死神擦肩而过，安然无恙的我反省自己无谓的匆忙。有时候，我会因为节省两分钟的时间，不愿意多走几步，而是选择中途穿越马路。现在我知道这无疑是将自己的生命去交换这两分钟的匆忙。

有个朋友开车，总是慢慢吞吞的，大家坐他的车总是嘲笑他，他总是笑笑。最郁闷的是，老是被别人超车，而他总是不急，还是慢慢吞吞地开。而我恰巧相反，我在车上，就觉得行人过马路怎么就这么慢，有时候恨不得扶着他快点过去。现在我想想，其实很多时候，我们用不着那么着急。放慢自己着急的脚步，想一想即将要到来的春天、美丽的花朵和可爱的孩子。

有时候像傻子一样告诫自己：急什么，前面也不是有雨。放慢脚步，生活从此顺遂平安。

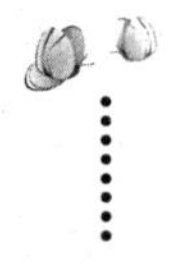

◎心中的坦途

一个小和尚一直住在寺院里，他从小出家，是寺庙中的众僧人把他拉扯大的。就像寺庙里的每个僧人一样，他从小的时候，每天清晨就要去担水、洒扫，做过早课后要去寺后的市镇上购买寺中一天所需要的日常用品，回来后，还要干一些杂活，晚上还要继续诵经到深夜。就这样，晨钟暮鼓，10年过去了。

虽然都是在一个寺院的小和尚，他和其他人聊起来的时候发现别人过得都比较清闲，只有他一个人似乎整天忙忙碌碌。虽然其他人也会被分派去下山买东西，但他们去的是山前的市镇，路途平坦距离也近，而且买的东西也轻便。但方丈一直让他去寺后的市镇，要翻越两座山，道路曲折难行，回来的时候肩上还要多很多物品。

小和尚带着诸多不解去找方丈，询问为什么别人都比自己自在，没有人强迫他们干活念经，而他自己却要忙个不停。方丈低吟了一句佛号，微笑不语。

第二天中午，小和尚扛着一袋小米从后山市镇上回来，发现方丈正在寺门口等着他。方丈把他带到前门，坐在那里闭目不语，小和尚不明白方丈的用意，但还是呆在一旁。日已西偏，前面山路上出现了几个小和尚的身影，当他们发现方丈的时候，一下子愣住了。方丈睁开眼睛，问那几个和尚，一早他们下山去买盐，路这么近，又这么平坦，怎么回来得这么晚？

几个小和尚，你看我，我看你，不知道该怎么回答。他们在路上

说说笑笑，打打闹闹，就到了这个时候才回到寺里，而这10年来一直是这样。方丈转过头去又问小和尚，寺后的市镇那么远，而且山路崎岖，又扛这么重的东西，为什么回来得却要早？小和尚告诉方丈，他每天出发的时候就想着早点回来，由于肩上的东西重，他就提醒自己小心走，所以他比其他人走得又快又稳。10年下来，他养成了习惯，心中只有目标，没有了道路。

方丈大笑着说：道路平坦了反而没有了目标，在曲折的道路上却磨炼了一个人的心志。

寺里严格考核众僧人，从体力到毅力，从经书到悟性，面面俱到。经过了10年的磨炼，那个小和尚在众僧人中脱颖而出，被选拔出来去完成一项特殊的任务。在众僧人羡慕和钦佩的目光中，小和尚坚毅地走出了寺门。这个小和尚成了后来著名的玄奘法师。在西去的道路中，水阻山隔，艰险重重，他的心却一直闪耀着执着之光。

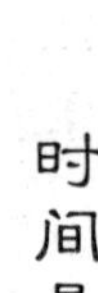

道路曲折坎坷并不是我们通向目标的最大障碍，一个人的心志才是成败的关键，只要心中的灯光不曾熄灭，即使前路再崎岖难行，我们一样可以走得又快又稳。

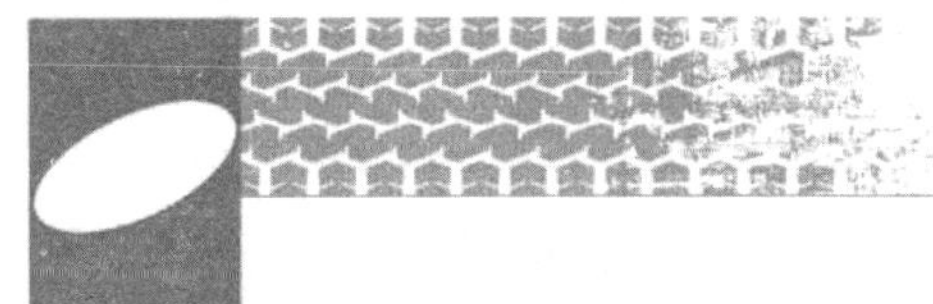

第二章

时间是学习：腹有诗书气自华

◎不断学习才能不断成长

有一个小木匠以前在慈善学校上学的时候，是一个毫不起眼的孩子，他的班主任甚至称他为自己教过的最笨的学生。毕业后，他给一个木匠当学徒，一直做这个行当。为了充实生活，小木匠开始看书学习。有时候见书里夹杂着一些拉丁文，他非常想弄明白那究竟是什么意思，于是就买了本拉丁语法书，开始学习拉丁文。小木匠起早贪黑，只要一空下来就会拿起拉丁书学习，在他学徒期满之时，他的拉丁文已经相当熟练。

有一天，小木匠经过一个教堂，看见了一块希腊文的墓志铭，于是他兴起了学希腊文的念头。他回家卖掉了一些拉丁文的书，买回来了希腊语法和词汇书。小木匠以学习新的知识为乐，很快又掌握了这门语言。后来他又卖掉了希腊文的书籍，买来了希伯来文的书籍，又开始学习起来。他没有老师指点，也不是为了升官发财，仅仅是为了让自己的生活变得充实。

由于长期看书、学习和研究的辛劳影响了他的健康。由于在晚上看书看到睡着了，打翻了旁边的煤油灯，大火差点要了小木匠的命，也把他的木匠工具箱给烧毁了。失去了谋生的工具，他一贫如洗。

为了生存，他只能开始给附近的儿童们做家教。开始时并没有那么容易，尽管他精通多门语言，但是很少有人学习希伯来文和其他语言，这让他很难教下去。为了解决这个问题，木匠开始重新学习代数和写作。

他的自然、纯朴、好学的个性渐渐得到了人们的认可，大家都称他是“博学的木匠”。后来在别人的推荐下，他成为了学校的校长，而在学校的图书馆里他又学习了阿拉伯文、巴西语、印地语。

后来，这位木匠成为了剑桥大学的语言教授，他还把《圣经》翻译成很多语言。他传奇的一生是坚持自我学习的成功明证。我们所熟悉的很多科学家和文学家都是自我学习的榜样。不断学习是不断完善自己的过程，让自己在生活中或者工作中更加完美。

很多时候，无意识的学习可能让我们在不知不觉中提高。学习是个不断积累的过程，很可能一时看不到效果，但必须懂得坚持。在生活中抱着一颗好学的心，能让自己在学习中不断成长，何乐而不为。

◎好书是让你平静生活的朋友

如果说学习是为了不断提高自己，放弃一些功利的偏见，读书能不断提高我们个人修养和人格魅力。有的书让我们充满智慧，有的书让我们找到前进的勇气。良好的修养是一种内在的魅力，这种魅力可以通过学习不断提高。

很多时候，我们对阅读存在着一种敬畏之心，产生了距离感，读书成了一个苦差事。我们可以抱着一个目的苦读，也可以选择毫无目的的闲读，以书为乐的人多选择后者。读书可以成为一种爱好，成为一种习惯。

清代戏曲家唐英写过这样一副律己联："未能随俗唯求己，除却读书都让人"。作者是清朝雍正年间的一位官员，在尔虞我诈、蝇营狗苟的官场上，唐英能做到不与世沉浮，惟读书自乐，确属难能可贵。"除却读书都让人"，只此一句，直入我心扉，人生在世，至乐之事，莫如读书。

有一位朋友总是在自己的包中放着一本书，一有空就掏出来读。他说包中放着一本书在等人的时候特别有用，会让他心情轻松。在很多时候，如等吃饭、等坐车、等看病、等理发、等约会，只要条件允许，他都可以把时间消耗在书上。他说他用这种方式看了很多书。我并不提倡这样的做法，很多时候也不见得开卷有益。不过我倒是很佩服我这位朋友以读书为乐事的态度。如果不能把读书当作一种消遣，不见得能坚持在包中放一本书，况且现在的书越来越重。

以前在学校念书的时候，周末放假回家，我也在包里放几本书，可是回家以后却不会去翻看。那时候我在包里放书是为了心理平衡，或者说是有种心理安慰。贪玩的少年已经离我们而去，喜欢看书的人也好像越来越少。不知道是好书越来越少了，还是电视和网络等媒体成为了人们的新宠。不管怎么说，还是有很多人愿意在晴朗的中午或者安静的夜晚，与书为伴。

高尔基曾经说过：“书籍鼓舞了我的智慧和心灵，它帮助我从腐臭的泥潭中脱身出来，如果没有他们，我就会溺死在那里面，会被愚笨和鄙陋的东西呛住。”一本好书可以让人浮躁的心灵得以安静。每本书中都有一个灵魂，他可以将故事娓娓道来，可以嬉笑怒骂，可以美丽婉转，可以雄伟豪放。在炎炎夏日的午后为你带来一点点凉意，在寂寞安静的深夜为你带来点点温暖和激励，这本书的灵魂就是可爱的。

好书就是你的朋友，一个让你平静生活的朋友。

◎腹有诗书气自华

书给了人类智慧，进而升华为坚韧、热情、希望、开拓的精神气质。

天地玄黄，宇宙洪荒，一部漫长的人类发展史，就是一部人与命运的斗争史，就是人与文明的胜利史，就是人与书本的关系史。腹有诗书，神情高雅，谈吐自如；腹有诗书，人格升华，目标远大；腹有诗书，奋斗的路，延伸于你的脚下。由此，想到了毛泽东，想到了他的“惜秦皇汉武，略输文采；唐宗宋祖，稍逊风骚”，想到了他“掌上千秋史，胸中百万兵。眼底六洲风云，笔下起雷声”。

晋朝有一位大玄学家郭象，属闲云野鹤之辈，潜心于研究老庄学说，喜与人谈论玄妙的唯心主义哲理，在市野影响很大，后来有人向朝廷举荐，当朝丞相多次派人来诚心相邀，他推辞不过，就到朝中做了黄门侍郎。入朝以后，皇上亲自召见，经当庭测试后，对他赞赏有加。由于他知识丰富，辩才无双，讲起话来切中时弊，入情入理，玄而不空，许多文臣武将都喜欢和他结交，听他讲奇闻轶事、高谈玄论。当时有一位太尉王衍十分欣赏郭象的口才，经常在别人面前称赞他说：“听郭象说话，就好像一条倒悬起来的河流，滔滔不断地往下灌注，永远没有枯竭的时候。”这即是口若悬河这个成语的来源。

宋代大诗人苏东坡在供职“翰林学士知制诰”的时候，专为皇上起草诏书，在他任职期间，共起草了约800道圣旨。他所拟的圣旨，妥贴工巧，简练明确，引经据史，富有例证譬喻。他去世以后，一洪姓

人士接替他的职位，这个人对自己的文才颇自期许，就问当年侍候苏东坡的老仆，他比苏东坡如何，老仆回答说：“苏东坡写得并不见得比大人美，不过他永远不用查书。”

郭象也好，苏东坡也罢，之所以受到上上下下的欢迎和赏识，是因为他们有深厚的文化积淀底蕴，渊博的知识修养基础，过人的才华使得他们具有翩翩的君子风度，良好的气质修养。人们喜欢同他们交谈，是因为可以从交谈中获得教诲和益处，得到相应的知识实惠，同这样的人谈话，是一种美的享受。

通过阅读，才可以不断地培养和丰富自己的气质。在时光面前，每个人的地位都是平等的，用丰富的知识、高尚的情操才能写就高贵的人生。

◎学习不怕晚

事业的成功需要机会和努力，我们都知道年轻就是资本，健康的体魄、敏捷的思维是成功的基础。在年轻的时候学业有成，事业顺利固然可喜；但是在中年，甚至老年的时候开始学习，来得更加可贵。

就拿学习语言来说，年轻人有着不可比拟的优势，对于上了年纪的人来说，学习外语所遇到的困难是年轻人不可想象的。37岁的英国科学家李约瑟证明，只要努力，就能克服困难，再晚也不晚。古汉语对于这个年龄偏大的外国人来说的难度可想而知。是什么样的精神让这位“李大叔”面对之乎者也却能迎难而上？

李约瑟是英国皇家学会成员，在生物化学领域有着重要的成就。在他37岁那年，三位中国研究生跟他学习生物化学时候告诉他，中国古代的科学成就巨大，在世界科学历史上的贡献都是不可磨灭的，李约瑟被打动了。他思考了很长时间，开始了征服人生的新旅程。为了了解中国的古代的科学，他学写汉字，学说汉语，一字一字地啃古文。17年是一个漫长的过程，但是李约瑟却用它来开拓自己的新的事业。他在54岁那一年，出版了《中国科技史》第一卷，到他90岁的时候已经出了15卷。从他37岁开始的事业，成为了他以后一直为之奋斗的领域，而在这一领域他也成为独占风骚的领军人物。

他在接受记者采访的时候，说他之所以在这么大年纪了还有勇气进入自己完全陌生的学科，他知道多晚都不晚，即使迟了也比什么都不做好。他用自己的行动对这句话做了最好的解释。

老年丧偶的老李于1989年与在共同研究中国科技历史中结下了深厚友谊的鲁桂珍在教堂里结婚，而这一年他90岁。他说两个80岁开外的老人又站在了一起，可能看起来有点滑稽，但是他还是那句老话，再晚开始也不晚。

对于深患绝症的人来说，可能什么都晚了，更别说去花时间阅读学习。延续生命与病魔纠缠，已经算是很积极乐观的心态了。但是，日本的哲学家中江兆民的一生最重要的事业却是在患了绝症以后开始的。在他51岁那一年，医生发现了他患有喉头癌，并清楚地告诉他只能活一年半时间。时间不多，他没有意志消沉，却开始动笔写了他一生中分量最重的一部作品《一年有半》。接着又写了另外一部《续一年有半》。这两本拿自己剩余的时间命名的书，成为了那个年代最具影响力的作品。成书的那一天他对朋友说：一年半的时间，大家可能都认为太短，我却以为那实在是够漫长了。如果说短，10年也短，50年也短，100年也短。如果没有一年半勇敢地开始，就不会有这样光辉的成就。

如果是为了事业而学习，告诉自己再晚开始也不晚。

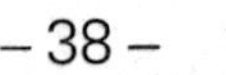

◎知识需要不断更新

家用电器、车子、房子，一会顺着时间流淌而不断变旧、变破，我们头脑中的知识也一样逃避不了折旧的命运。在激烈的竞争中，那些思想陈旧、脚步迟缓的人，瞬间就可能会被甩到团队的后面。

即使是一个经验丰富的资深员工，如果倚老卖老、妄自尊大，也会被淘汰出局。公司或者团队会为了集体的利益，舍你而去，即使战功赫赫。许多演艺界的老音乐人和老演员经常在媒体上感叹压力和辛苦，每天都有前赴后继的新人，以惊人的速度抢占市场，稍稍沉寂就会被大家遗忘。有位歌手感叹说：老并不可怕，未老先衰才可悲。面对推陈出新的市场，不断学习和创新才能不被挤出飞速前进的轨道。要经常居安思危，经常忧虑自己的技能现状，这样的忧虑是自己不断进步的动力。

美国的职业专家指出，现在职业技能转换期越来越短，特别是从事信息、通讯产业的科技人员，如果不抓紧学习，更新知识体系，用不了几年就会老化。就业竞争加剧也是知识折旧的重要原因，根据统计，25周岁以下的从业人员，职业更新周期是人均一年零四个月。当10个人中只有1个人拥有一项技能，他的优势是明显的。而当10个人中有9个人拥有这项技能的时候，优势就不复存在。有人预言，未来社会只有两种人：一种是忙得要死的人；另外一种是没有工作的人。现在就出现了有的事没人做、有的人没事做的情况。

不懈地学习是自己不被淘汰的利器，在工作岗位上奋斗的人，其

学习有别于在学校学生，由于缺少时间，没有专职人员教授知识，专注地学习更为困难。

工作又是任何人的重要一课。要想在竞争中胜出，必须在工作中摄取经验，探求智慧，提升效率。年轻的彼得是美国一个知名电台的当红主播，在他当了3年主播以后，决定辞去令人羡慕的主播职位，而到新闻第一线去当记者。他在美国国内关注报道新闻，并成为美国电视台第一个驻中东的特派员，后来搬到伦敦，成为欧洲地区特派员。经过几年的磨炼，当他再回到电台主播的位置上时，他完成了从一个书生气很浓的年轻人成长为一名成熟稳健的主持人的转变，大受欢迎。

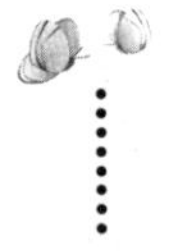

不论是工作的哪个阶段，学习的脚步都不能稍有停歇，要把工作视为学习的一个过程。知识是可贵而有价值的财富，所以，我们要好好地经营管理，别让自己的知识快速折旧贬值。

◎活到老，学到老

前阵子我一直在准备英语考试，搞得心力憔悴。忽然在一位将军的回忆录中翻到了一些如何学习英语的方法，和大家分享一下。

将军在学习英语语法的时候还是一位日薪6便士的二等兵。他的那张警卫床就是他学习的地方；他的背包就是他的书包；在膝盖上搁上一小块木板就是写字板；寒冷的冬夜，他借着火光看书。尽管饿得皮包骨头，为了买一只钢笔或者一叠联系用的白纸，他刻意从少得可怜的伙食费中拿出一点钱来。他旁边的朋友们都笑话他，他们在一边闲聊、嬉笑、歌唱打闹，而这一切都没有影响这位二等兵的学习。

很难想象，为一支笔、一瓶墨水或者几张纸，他要付出多么大的代价。有一次，他把半个便士给丢了，而他们一个星期只有两个便士的零花钱，可怜的二等兵在床上像孩子一样哭了一个上午。就在那么极端恶劣的条件下，他坚持学习，没有父母支持，也没有朋友鼓励，敢问又有什么理由不成功呢？

从前有个石匠，他在很长的一段时间里依靠自己的这门手艺谋生。后来遭遇了经济危机，很多人都失去了工作，他也失业了，贫穷带来的恐惧写在他的脸上。就在这个时候，他遇见了一位流浪者以教授法语糊口，而且收入很不错。石匠决定向这个混得不错的流浪者请教。流浪者告诉石匠像他一样去当教师，可以谋生并过上不错的生活。石匠很怀疑自己的能力，自己年纪很大，以前一直是个石匠。他没有跟着那位教法语的老师学习，而是继续去寻找石匠的工作。他来

到一个郊区，也没有找到一个雇主，奔波几百里还是无功而返。

他在几乎绝望的时候想起了那位法语教师，他觉得应该试一试，何况有人愿意教他。他找到那位教师，开始和老师学习法语。石匠知道自己的年纪大了，所以比其他人更加努力。出乎他意料的是，他很快掌握了基本的语法、文法和标准的古典法语发音。法语老师觉得他可以胜任教师一职的时候，就为他推荐一个空缺的教师职位。

应聘成功了，石匠成为了一名法语教师。他从教室向外望去发现了自己以前建造的烟囱，开始他担心别人认出他以前是个石匠而轻视他，不愿意说出自己以前是个石匠。后来因为他的学生法语成绩优异在学校受到了表扬，他是个称职的老师，因此赢得了人们的尊敬和优待。而当人们知道他面对困难坚持学习的故事后，就更加敬重他。

通过刻苦学习取得成功的人很多，学习没有捷径，贵在坚持，能坚持学习的人一定收益匪浅。

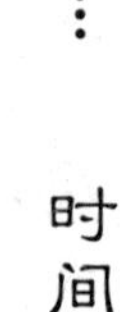

◎读书是一种终生受益的快乐

张琪和刘强同在一个公司上班，由于工作上的关系，两人虽然在性格上有很大的差异，但还是成为了好朋友。张琪最大的爱好就是读书，而刘强一看书就觉得头痛，他说书中那些文字简直就是催眠的咒语。

工作之外的时间，张琪都花在读书上。书成了他房间最大的特色，《红楼梦》、《苔丝》、《泰戈尔诗选》、《在人间》、《西方艺术史》等听过没听过的，各种各样的类型的书塞满了他的书架。只要书一拿到手，他就能看下去。一杯清茶，一本新书，对他来说简直是一种享受。读书不仅仅是学习知识解决问题的方法，更是一种习惯，一种培养求知欲和提升文化素养的修身养性的习惯。

而刘强则完全不一样，他的生活乐趣就是下班了和朋友吃饭、喝酒、玩乐。不管是一百多集的儿女情长的电视连续剧，还是请来明星八卦整人的综艺节目，他都能在垃圾食品陪伴下乐在其中。

有一天刘强到张琪家里，看见在一片洒满温暖阳光的阳台上，张琪面带微笑地坐在沙发上看书，神情满足。刘强看见张琪高大的书架，指着上面的书对他说："为什么那么喜欢看这么多没用的书，工作本来就紧张，为什么不出去玩玩放松自己？"张琪笑道："我可不认为他们没有用。"

张琪也爱看电视、电影，他觉得读书更能让自己感到快乐满足。不管读什么书，总是能获得一些东西的，不管是知识上的收获还是精

神上鼓励。对书的感悟能让自己发自内心地产生一种思考和体会，而这样的感悟，是看电视、电影那种被动地接受不能同日而语的。

刘强开始不以为然，可是爱好读书给张琪带来的好处让刘强懂得乐在其中的价值。年初，公司要选派一名业绩突出的员工去美国深造，对谁来说都是一个难得的好机会。张琪和刘强和其他几位同事都成为了这一名额的竞争人选。名额有限，公司为了公平公正，决定用考核的方式来决定。每个人都要在规定的时间内做两份考卷，一份是关于业务的，一份是关于社会、文化、科学等各个方面的综合试题。

结果不言而明，爱好读书的张琪以绝对的优势得到了这个名额，他的成功是必然的。读书是每个人人生不可缺少的一部分，只要愿意读书，并能坚持不懈地成为一种习惯，终于能在书中找到别处体会不到的快乐。这种快乐不等同于简单的感官刺激，而是一种灵魂深处的共鸣，一种终生受益的快乐。

◎书不是摆设

一位朋友家摆着很多书，但他告诉我这里面的书，他碰都没碰过，放在书房只是为了装饰。偌大的一个书房，因为放满了各种各样的书，显得主人是个有学问的人。他说他的书，很多是生意上的朋友送的，价格不菲。他说他没有时间，也没有心情去看书。我完全理解他的处境，对于他来说，要忙于生意应酬，把时间花在书上简直是种浪费。

把书当成摆设，也开发出了书的另一个作用，我其实还挺赞成这样的“废物”利用。一字排在书架上的书，如同书房里都会有的艺术品一样，至少可以赏心悦目。而且现在书的装帧设计都很出色，一个个漂亮的外表让人爱不释手，比起以前自己看过的那些“素面朝天”的书真是天壤之别。更何况现在书的价格都不便宜，书越来越具有了“艺术”气质，也难怪我那位朋友的朋友，拿书当礼送人。

在电视剧中，总有很多情节要和书发生关系。很多浪漫的校园恋情都是发生在图书馆里，因为这样的女主人公似乎更加文静可人，这样的男主角更具有诗人的浪漫潇洒。书有时还会成为女主人公造型的重要道具，在与男主角邂逅的情节中起着关键的作用。而借书有时也成为男主人公追求女主角的重要手段。似乎围绕着书，能展开无数美丽的故事。在电视剧里，书的摆设功能被发挥得淋漓尽致。

那天我去书店看书，左挑右选，总算挑出了几本“性价比”较高的书，来到前台付钱。我心里还在为花掉的钱伤神，发现前面的一

位朋友，捧了厚厚的一堆书排队付钱。心想这位老兄一定是位博学之人，暗自佩服。轮到他付钱的时候，他拿出了书券（书店发行的可以用于买书的优惠券），笑着对他同行朋友说到，“单位发的书券，不用掉可惜了。我挑了些封面好看的，回家摆在书房。”显然，又是一个拿书当摆设的人。

我有时在想，是不是什么时候，书只有一个封面也能卖出去。特别是那些可以用来送礼的精装本的书。只要做出一个豪华的包装，里面哪怕只是白纸，可能也能卖出去。

在这特意声明：我没有讽刺挖苦拿书当摆设的意思，只是觉得，如果有时间，翻开书看看，也不枉费作者的一番苦心。书毕竟不是摆设，拿来当摆设确实也浪费了点。

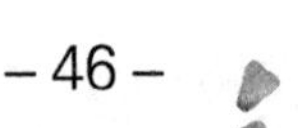

◎社会就是一个大学问

生活是一本真正的大书，再伟大的作家也不敢说他的书比生活精彩深刻。这本书可能需要你用尽你的一生去体味其中的奥妙，而每一个人的那一本书都是完全不同的。

作家狄更斯的父亲是个酒鬼，嗜酒如命，挥霍无度，负债累累。狄更斯在他10岁那一年就被迫进了负债者监狱，11岁他就承担起了繁重的家务劳动。他曾经在皮鞋作坊当学徒，每天忙碌到很晚，而有时候还得饿肚子，并时常受到别人的欺负。然而，正是生活中他所受的苦难，成为了他以后作品中灵感源泉。

15岁那一年，狄更斯进入了伦敦一家律师事务所当实习生，经常出去送信，几乎走遍了伦敦的街道。后来他学会了速记。从16岁开始，他当上了报馆的采访记者。这使得他有机会深入了解人情世态和社会黑暗。他同时为好几家报纸撰稿，业余时间几乎都是在图书馆里渡过的，而这段时间他也开始尝试文学创作。

为了能真正创作出真实深刻的作品，狄更斯常常蹲在路边，和衣衫褴褛的人攀谈；常常跑去酒馆，为的是听那些穷苦的工人谈论什么；他甚至去监狱，同要执行绞刑的犯人聊天。这一切的努力都成就了狄更斯作品的伟大和成功。

狄更斯很快就在文学创作上取得了成功，10多部长篇小说举世瞩目。而他的成功不单单在于其才华和写作技巧，更为关键的是他的作品是那么真实深刻，成为反映那个时代的一面镜子。置身世事，看到

书本上看不到的，要比书本来得更为重要。

我们常常说艺术来自于生活，又高于生活。我们阅读的小说也好，课本也好，很大程度上都是来源于生活，我们并不需要像狄更斯那样去创作小说，但生活有时也是可以阅读的，而从生活这本书上所学到的，也许你一辈子受用不完。

世事洞明皆学问，人情练达即文章。刚出校园进入社会的书生，可以意气风发，激扬文字，指点江山。将冲动当成勇气，将鲁莽当成直率。自以为自己做得圆圆满满，孰不知，所做的一切都是人家茶余饭后的笑谈。直到碰了壁，吃了亏，并随着人到中年才卸去了身上的书生气，多了几分隐忍之心后，自以为做到了处事波澜不惊，隐而不发的境界。

其实，社会这一本书要比我们想象得深奥难懂得多，抱着学习的态度生活，现实的生活会教会我们很多。

◎选择性的阅读

从前印度有个博学之人，他在读书翻页的时候，觉得指头被什么东西刺伤了。有一条小蛇从书中掉落出来，一下子就溜跑了。这人没有在意，继续看书。这个书呆子的手指开始肿起来，然后毒素很快蔓延开来，一个小时后，他觉得恶心头晕，接着就倒地死亡。

喜欢读书的人很多，但是能知道书中有毒蛇的人并不多。书中的毒蛇通过其精神毒液改变一个人的品质，使一个人精神中毒而导致死亡了。

如果现在蹲在监狱的罪犯们年轻时看的书，都是些健康向上而非诱人堕落的书，那么他们当中大多数人的命运很可能会是另外一个样子。

阅读肤浅、庸俗的读物最容易伤害健全的头脑，实际上，人们的天性并不坏，但是阅读那些虚伪、空洞、无聊、充满情欲、哗众取宠的书会在短时间内摧毁优秀的头脑，这类书有百害而无一利。然而这类书在市场中流传着，种类繁多，他们披着美丽的外衣，并没有给人知识和力量，读者们很难分辨出哪些书中是有毒蛇的。

在阅读的过程中，我们在不知不觉的情况下喝下了令人精神振奋、积极向上的营养，也可能喝下最致命的毒药。某些书中的毒药是极为危险的，更令人害怕的是它隐藏在美丽的外表之下，难以察觉；而且很多罪恶经常是以善良的伪装面目出现，所以，对那些没有一个坏词句但通篇充满不道德暗示的书籍尤其要小心。

要去读一切我们能读到的有益的书，但永远不要去碰那些有毒的、思想低劣的书，生命短暂，时间可贵，要选择最优秀的书来读。一本书的精神内涵、作者写书时候的微妙初衷与书的影响力有着千丝万缕的联系。阅读那些鼓励你不断振奋向上、不断成熟、不断进取的书吧，那才是生命真正的养料。

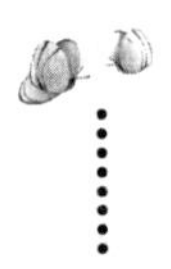

◎培养良好的阅读习惯

健身房里，常常能看到一些漫无目的，甚至有点懒洋洋的人，他们不是按照系统的训练课程去锻炼肌肉，而是在机械之间走来走去，时而练一两分钟举重，时而拿起哑铃又扔下，时而在双杠上晃荡几下，就这样一点点地消耗时间和体力。这样的锻炼根本没有效果，不但没有增加反而减少了肌肉的活力。健身是为了锻炼身体，必须通过系统的训练，需要全身心投入，需要坚韧的意志。

身体需要锻炼，而我们的精神也需要不断更新。身体可以通过运动来锻炼，精神则需要通过阅读来得到更新。加强和发展心智必须依赖系统的阅读，而不是乱看一气，一本接一本地拿起来，无精打采地随意翻看。要最大限度地从阅读中有所获益，必须要有目的地读书，如果是为了消磨无聊的时间，那可以另当别论。

当我们精神疲惫的时候，不应该去看那些需要全神贯注才能掌握的书，如果我们坚持要这样做，只会把自己弄得更疲惫，并且一无所获。读这类书，我们要做到精神饱满、全神贯注，由于目前我们可以轻松地得到大量的阅读材料，很多人看书求快，不那么专心，其实是很不好的习惯。

有目的地看书，开阔自己的思想，摆脱我们无知、狭隘和一切蒙蔽心智、阻碍进步的东西，还有什么能让我们更加满足呢？卓有成效的阅读必定是全神贯注的阅读，一个人在看书的时候，应该一心一意地投入到书中的内容中去。消极阅读在效果上甚至比随意阅读更为

有害，消极阅读不能增长知识，当思想昏昏沉沉、精神东游西荡、散漫无际的时候，阅读只会虚耗体力、摧毁意志、弱化智力，使大脑迟钝，无法正常思考。

有位名人说过，阅读只是给我们提供一些知识素材，是思考把所读的内容变成我们自己的东西。知识也像食物一样要被消化吸收，才能成为我们自己思想的一部分。看书一定要多思考，在脑海里反复思量我们读的东西。书中的知识应该被我们的思想吸收，被纳入我们的生命，它才能成为我们自己的东西，这样的阅读才是真正有意义的。

在读书的问题上，有一个误区：我们强调读书的速度和数量，只要持之以恒地读书，只要在任何时候都一书在手，这样就能成为富有教养、智慧通达的人。与阅读相比，思考要重要得多，思考就如同对于食物的消化过程。读书的消化不良会让我们思维混乱，它的害处要比我们想象的严重得多。

读书、学习的时候必须全神贯注，读书就像在磨刀石上磨斧子，为的不是在石头上获得什么，而是使斧子更加锋利。

◎勤于读书善于思考

著名学者章学诚先生天资不高，年轻的时候甚至连基本的阅读都比不上一般的同学，据说一天诵读200个字都相当困难。而在当年讲究读经诵读的教育体系里，是要被别人讥笑和轻视的。章学诚没有放弃努力，他采取了不同于别人的方法，别人是由博而专，他恰恰相反。学一点是一点，学一点巩固一点，他认真地做读书札记，他用这种方法来弥补自己记忆力差的缺陷。后来他的很多著作都是出自他的读书札记。章先生不羡慕不费功夫得来的虚名，不计较世俗的偏见，而是花大精力去研究治学。

这样的态度也是学习的态度。对于真正有价值的书，要以一种认真的态度对待，应该慢慢地品味其中的内涵。对于一个学生来说，如果对所读的书不求甚解，那情况就变得很糟糕。世间有各种各样的书，也需要有不同的态度去对待。

古今中外凡是学有所成的人，在其攀登科学高峰的征途中，思考就如同他们的一双翅膀，帮助他们成功。据说爱因斯坦狭义相对论的建立，经过了他长达10年的研究。有一次记者向他请教他是如何成为科学家的，他对记者说道："学习知识要思考、思考、再思考，我就是靠这个方法成为科学家的。"

伟大的思想家黑格尔在著书立说之前，曾默默无闻整整6年，人们甚至忘记了他的存在。在6年的时间里，他在思考、钻研哲学。后来研究黑格尔的学者都认同一个观点，这平静的6年是他这位思想家最为重

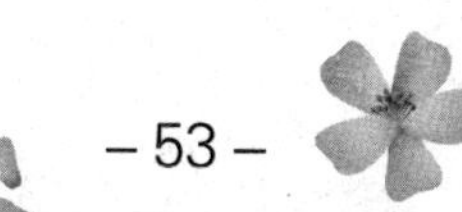

要的时期。

牛顿从苹果落地获得灵感，有人问他这有什么诀窍，牛顿说：我并没有什么方法，只有对于一件事情做长时间的思考罢了。

德国数学家高斯在许多方面都有杰出的贡献，有人称他为“数学王子”。而他则谦虚地说，假如别人和我一样深刻和持续地思考数学原理，他们也会有同样的发现的。

这些伟大的头脑都在盛赞思考的作用，英国学者培根曾经把三种不同的学者，形象地比喻成蜘蛛、蚂蚁和蜜蜂。他把盲目地堆积材料的求知方式称为蚂蚁方式；把主观地随意创造体系的方式称为蜘蛛方式；而最好的方式，就是能像蜜蜂一样，从花园里和田野里的花朵中采摘材料，并用自己的一种力量来改造和消化这些材料，“蜜成而花不见”，蜂蜜要比一般鲜花的汁来得更为甘美。

回顾科学发展的历史，理论的重大突破都是建立在前一个或一些理论基础之上的，无不是对原有的理论的消化吸收后的再创造。没有大脑的思考，也就没有自然科学的建立。英国哲学家、社会学家斯宾塞在《教育论》中有一段精辟的话：“作为心智脂肪储备起来的知识并无用处，只有变为心智肌肉的才有用。”

另外，思考也有助于把学过的知识加以鉴别，去伪存真。牛顿说过：我们要把如同沙滩上的沙粒之多的真理，一个一个地加以思索。由于思考，牛顿成为了最伟大的科学家，伽利略推翻了亚里斯多德定律，哥白尼否定了地球中心说，可以说思考是人类向科学进军的先导，是攀登科学高峰的阶梯。思考将让我们成为一个更放松、更富哲理的人，因为我们将感受到别人观点中的真理和力量。

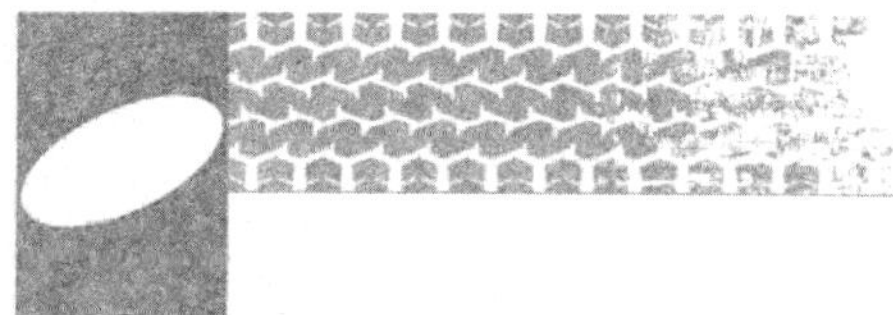

第三章

时间是助人：与人为善是快乐的源泉

◎善待每个人，也是善待人生

在一个小镇上有一家小诊所，小诊所里只有一个医生。在他的办公室门口贴着的营业时间是上午6点到8点，下午1点到3点。不过这没有什么意义，这位热情的医生愿意在任何时候接待任何人。

有一年夏天，发起了多年不遇的洪水。以往平静的河流变得危险莫测，几乎成了吞噬生命的怪兽。摆渡的人都放弃了生意，清闲几天。邻镇上有人过来求医，说是有个人手腕骨折需要治疗。可是要去看病必须渡过洪水泛滥的河流。医生没有拒绝，他坐上一条划艇到了那个病人家里。深夜，船才回来，船上是疲惫不堪的医生和一只刚杀好的鸡，鸡是病人支付的医药费。

除了每天在小镇上看病，这位医生还得去监狱给犯人治疗。他每次去监狱，会进每一个牢房，给一个个犯人就诊。更加难得的是，医生每次检查好一个病人都用肥皂洗手，再把听诊器贴到病人胸前，他还用嘴巴把金属听诊器呵热，仔细用手掌安放听筒圆盘，以使他的手指根部能直接贴到病人的皮肤。那些病人多是酒精中毒和肺炎患者。医生知道除了需要治疗，更需要同情。

医生的儿子暑假里也回到了小镇上，帮助父亲。儿子成为了医生得力的助手。有一天，父子俩人在急诊所里检查，一位因为车祸而受伤的中年人，他的几根肋骨已经折断。

“他里边的骨头全断了，就像撑开的伞。”年轻的儿子大叫道。老医生忽然转过头来，把儿子的手一把扯起，“他醒着，你知道，我

肯定他听到你说的话了。”儿子羞愧难当。

许多时候，你可以什么都不做，但有一点，要多说些同情的话，老医生最明白这一点。老医生过了几年，就去世了，他是在诊所里倒下的。

年轻的儿子大学毕业后，开始了他的医学生涯。他在一家大医院工作，有一次，一个患溃疡的病人躺在检查台上。“过去在我们邻居小镇上有个好医生，他治好了的骨折的胳膊。”年轻的医生忽然想起了他的老父亲，那年暑假抓着他手的那个瞬间，眼睛模糊了，眼前所有东西似乎都在跳动，在闪光。

“他真的是我见过的最好的医生，一个好人。”病人继续问：“我的病能治好吗？”

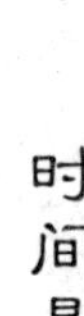

“行，一定能治好，我可以保证。”

虽然我们每一个人的能力都是有限的，但是可以怀揣一颗温暖的心，同情弱者。年轻的医生明白了对于医生来说，病人是弱者，要以一颗同情之心善待他们。

善待每个人，就是善待人生。

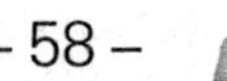

◎花一点时间帮助他人

“其实，跳下去也不一定不舒服。不过你跳下去，我还得救你，太戏剧化了。”

“在画什么？”

“3年时间，我站在这儿感慨万端，却没有画出像样的东西。”

“你想找什么？”

“不知道，所以我在注意你。”

“你觉得我会跳下去，你怕我跳下去。”

“怕破坏了一幅有灵气的画。”

“谢谢，也许你点化了我。”

“人才是这个生存空间里真正的精灵，其实，你第一次转过头来，我就知道你‘水性’不错。不会被‘淹死’的。”

“人们相互关注并不值得庆幸。”

“你很孤独？一个人站在湖边。”

“孤独与生俱来。”

“可与生俱来的不单单是孤独啊。”

“我习惯了，或者说喜欢。”

“你可以喜欢，但不要习惯。”

“你呢，你喜欢还是习惯了感慨万千？”

“其实我很空虚，但很多时候，因为给予而温暖。”

这是一段发生在湖边的对话，故事没有什么波澜，只有平静的

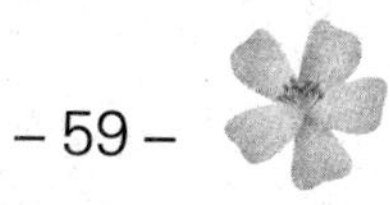

对话。对话发生在湖边的两个人之间，一个人在作画，一个人在湖边忧郁。人生的低谷不得不面对孤独，孤独是与生俱来的。在每个冷雨夜，孤独抹杀了很多才华，抹杀了许多前进的勇气。

年轻的画家则留给年轻人一张速写。回到家中，年轻人才打开速写。上面写着：感到寒冷时，请来。

温暖涌上心头，年青人在那一刻明白了孤独虽然可怕，但是也很容易消除。与生俱来的不单单是孤独，要知道还有人情的温馨。帮助别人有时也是在温暖自己，不要把自己锁在孤独之中，接受别人的关心和帮助，也是在帮助别人。

谢了，朋友。花一点时间来帮助别人，让自己的生活变得温暖，何乐而不为。

◎留一个梯子就是善

我像所有的年轻人一样，都有着相同的骄傲和虚荣。很多时候我们不懂得尊重别人，记住：给人一个梯子就是善。

曾经在运动场的草坪上，听到一位女孩子公开朗读她收到的一封求爱信，她读完之后周围竟然响起一阵掌声，接着是一阵阵的笑声。人群中有位男孩红着脸转身离开了，然后就有女生指着男孩的背影叽叽喳喳，原来是他。

我曾在酒吧里听到一位男士在惟妙惟肖地讲述那位坐在他的办公室对面的女职员，如何倾倒在他的潇洒风度之下。于是，当场有人打趣道，那位敢追你的女孩一定是超级开放型，如有机会一定认识认识她。

我想这样拿别人的感情当作炫耀的资本和茶余饭后的笑料，除了证明自己的肤浅和没有修养之外，证明不了什么。谁都有可能爱上别人，也可能被别人爱上，这没有什么好大惊小怪的。

我们可以拒绝，拒绝没有错。但如果拒绝的方式用的不恰当，也许就是错了。对于一份真诚的感情，如果不能接受，最起码也要尊重。我们有义务为对方守口如瓶。得容人处且容人，何必令人陷入尴尬的境地。

推而广之，生活中很多时候，只要多一份尊重，给人留个梯子，就是帮助了别人。每个人都有自尊心，那就如同心里的敏感区域不能触碰，哪怕你是想帮助别人，也不要忘记给人留一个梯子，让对方从

容地下台。

不管是谁都会犯错误，不管是谁总有需要帮助的时候，情况就是这么简单。有时若能多为对方着想，和人相处会就变得简单很多。

记得以前有个朋友和我说起过念研究生时候的故事，她有一次去年轻教授家请教几个问题。来到教授家以后发现门是虚掩着的，于是她轻轻地推开，结果看到了让她惊讶的一幕：教授正拥吻着一个女孩子，而那个女孩子也是教授的学生。

教授和那位女同学都傻在了那儿，不知所措，不知道接下来会发生什么。在那个时候，学生和老师的感情是绝对忌讳的。然而我的这个朋友做了她以后引以为骄傲的事情：她满脸笑容地说："教授，我也是您的学生面，您可不能偏心啊。"教授这才反应过来他的这个学生是在和她开玩笑。知道学生没有认为他的这段感情有什么问题，尴尬和担心马上消失了，年轻的教授眼睛却湿润了，他感激我朋友的理解和宽容。

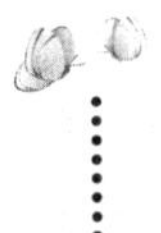

后来听说那位教授娶了那天拥抱在一起的女孩子，因为我朋友的理解和宽容，让他有勇气去面对世俗的偏见。那位朋友还保存着一张教授寄来的卡片，上面写着：我永远感激你的善良和智慧，是你拯救了我。

◎帮助他人就是帮助自己

大家都说杰克是个英雄，因为他够勇敢。那是在一次突击战中，敌人的火力很猛烈，后来还动用了飞机轰炸。杰克和其他人一样匍匐隐藏在一片空地上，忽然他发现一颗炮弹朝不远处的战友飞去。可是战友并没有发现死亡朝他逼近，杰克冲上去，推开了战友。炸弹在战友的边上爆炸。几乎同时，在杰克原来的位子另一颗炸弹响起。

印度谚语说：“帮助你的兄弟划船吧，你自己不也过河了？”

曾经有一名商人在一团漆黑的路上小心行走，心里懊悔自己出门时为什么不带照明工具。忽然在他眼前出现了一点光亮，并渐渐地靠近。灯光照亮了附近的路，商人走起来也顺畅了一些。待到他走近灯光，才发现那个提着灯笼走路的人竟然是一位盲人。

商人十分奇怪地问那个盲人：“你本人双目失明，灯笼对你一点用处也没有，你干吗要打灯笼浪费灯油？”盲人听了，慢条斯理地回答说：“我打灯笼并不是为给自己照路。而是因为在黑暗里行走，别人看不见我，我便很容易被人撞倒。而我打着灯笼虽然不能帮我看清前面的路，却能让别人看见我。”

有时候，就在帮助别人的时候，也为自己带来了意外的收获。在起伏曲折的人生中，每个人都需要别人的帮助，当自己有能力帮助别人的时候，不要吝啬，不用担心，伸出手付出的时候，你也会得到很多。

以前有位作家，由于心脏不好，一年多以来一直躺在床上不能动。最长的旅途是去花园散散步，即使那样，他也得在亲人的扶持下

才能行走。战争爆发了，作家所在的城市陷入了一片混乱之中。而为了躲避炸弹，他就住到了离家很远的一家医院里去。医院里人很多，有从战场上救下来的士兵，也有各种各样的病人。

这位可怜的作家，因为离开了家，只能和其他病人住在一起，而医院的病床很紧张。作家决定把床位让给更需要的人，而自己主动去帮助医院里其他的人，还帮护士接听电话。他越来越忙，好像忘记了自己的病痛，已经像个健康人一样生活了。

战争是一场悲剧，可是却能让人坚强起来。这位作家在帮助别人的时候，也让自己坚强起来，积极的态度战胜了病魔。他在帮助别人的过程中找到了一种力量，使这样的力量让作家的生活恢复了正常。

帮助他人的时候，对于给予帮助的人需要消耗一点时间和一些关怀的语言，有时候需要物质和精神上的付出，而这种付出都是不计回报的。可是在不经意间，收获更多。

有一个工厂遭受火灾，这是致命的打击，几乎要破产。大家都以为老板要解雇很多人，而且工资也会成为问题。可是出乎大家的意外，老板像没有发生任何事情一样，没有解雇员工，也没有不发工资。工人们很感激老板，决定大家一起努力，渡过难关。在工厂重建的过程中，大家都把这事情当作自己的事情，团结得像一家人一样。工厂重建起来以后，大家拼命工作，每天加班到很晚，为的是把失去的时间赶回来。一年下来，工厂的效益不但没有因为火灾受到损失，反而比往年要好很多。

中国人总说善有善报，帮助别人就是帮助自己，我想都这是很有道理的。

◎真诚的信任

从前，有两个饥饿的人在沙漠里得到了一位长者的恩惠：一根鱼竿和一篓鲜活硕大的鱼。其中一个人要了一篓鱼，另一个人要了一根鱼竿，他们分道扬镳了。得到鱼的人就在原地用柴火搭起篝火煮起了鱼，他狼吞虎咽，把鱼带汤吃个精光，不久，他就饿死在空空的鱼篓旁边。另外一个拿了鱼竿的人，继续忍住饥饿，艰难地向海边走去，但是当他快要穿越沙漠，看到大海的时候，他已经用完了所有的体力，只能带着遗憾离开了人间。

又有两个人穿越沙漠，同样一个人要了一篓鱼，另一个人要了一根鱼竿。只是他们没有各奔东西，而是一起商量共同去寻找大海。他们每次只煮一条鱼，经过漫长的跋涉，鱼吃完了，他们也终于来到了海边。他们用那根鱼竿开始了捕鱼的日子，几年后他们盖起了自己的房子，有了自己的渔船，过上了幸福的生活。

故事很简单，但是意义却挺深刻。存在主义哲学家说过，他人即是地狱。互相折磨、互相敌对的人际关系成为了生活中的地狱。但若像故事的主人公一样，只要相互帮助就可能创造出完全不同的结果。每个人的能力是有限的，而相互合作，相互帮助成为摆脱困境的，享受生活的重要一条。

在我的理解中，如果自私自利，把自己封闭在自我世界里，对他来说，他人的确是地狱。他摆脱不了自己的局限，甚至总在怀疑别人，生活在仇视别人的怪圈之中。有一位浪迹天涯的青年，一次在火

车上与一位妇人同坐。中途，那位妇人从手包里抽出一张钱，牵着孩子下车去买东西，手包就放在座位上。妇人买完东西回来了，青年忍不住问他，怎么就把手包放在座位上，而且手包里有不少钱。

妇人微笑着说：“在我孩子还刚懂事的时候，我就教他要信任别人，我自己怎么能怀疑人呢？”年轻人很受感动。

信任，真诚的信任，之所以富有魅力，也许是在我们之间太过匮乏。每个人心里都是孤单寂寞的，我们都渴望被信任和理解。而不信任感却在无空不入地蔓延着，真诚的信任来得如此珍贵和脆弱。

人们不得不戴上各种面具，按各种社会角色生活，心与心之间隔得越来越远，人们行色匆匆，即使是生活在一个屋顶之下，一起工作一起生活，也免不了相互算计，相互误会。掀去沉重的面具，自由呼吸，无所畏惧，坦然做人，帮别人，也帮了自己。

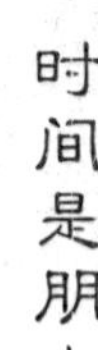

◎帮助别人的技巧

每年开学的时候，都会有很多学生因为家里经济条件的问题上不了学。很庆幸的是，很多热心的人都伸出援助之手。而在很多节目中也会看到将某位贫困学生的情况在电视上播出，以期望得到社会的帮助。

每次我看到贫困学生在电视上出现的时候，心里总感觉很不轻松。不是因为感慨于贫困学生的不幸经历，而是感觉在很多时候，接受帮助的人并不轻松。影响特别深刻的是，当电视台工作人员把捐款递给贫困学生的时候，总能在他们眼中看出委屈的神情。其实，想想，如果把我们自己的伤口暴露给别人看，以期望别人的帮助，那是一种什么样的心情。

儿时，在我家隔壁住着一个寡妇和她的女儿，丈夫因为生病死了，而为治病，家里几乎什么都没有了。这个寡妇很坚强，把田地里的活全自己干了，每次有人去帮她，她总说，不用不用。母亲常常叫我去她家借砂锅，用来煮好吃的。而且母亲每次都做得特别多，都会吃不完，剩下的就连同砂锅一起还给了人家。

如此，借了好几次，我就问母亲为什么要老借别人的，而自己家却不买。母亲笑笑没有回答我。那年收成不好，母亲平时也很节约，可是每次用借来的砂锅，总是会做吃不完的东西。后来我才发现，我自己家其实有好几个砂锅，每个都要比借来的那个新。

这时，我才明白过来，母亲是想用她自己的方式去帮助这家人。

用这样的方式，只是为了让对方更能接受。母亲是个很善良的人，真正愿意帮助别人，也能替对方着想的。就是用这样的方式，让那家人渡过了那些饥饿的日子。

帮助别人，并不简单的是物质上的给予，事情要复杂的多。很多时候接受帮助来得并不那么轻松，作为被帮助的人，作为一名弱者，会变得非常脆弱。在接受帮助的那一个时刻，他也承认了自己的困难，也把自己的尊严暂时放在了一边。作为弱者他们是很无奈的，任何一个正常的人都会有尊严，我们从心底不愿意承认自己是个弱者，而宁愿自己是帮助别人的强者。

但很多时候，热情的帮助反而成为了无心的伤害。

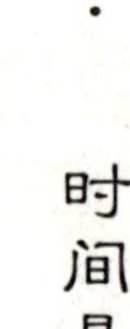

◎把掌声送给他人

君子成人之美，不成人之恶。小人反是。帮助别人是一种善良，为他人鼓掌的时候则是一种魅力，一种风度。

第一次登上月球的航天员，其实共有两位。除了大家所熟知的阿姆斯特朗之外，还有一位就是奥德伦。在庆祝登陆月球成功的记者会上，有一个记者突然问奥德伦一个很特别的问题：“让阿姆斯特朗先下去，使他成为世界上登陆月球的第一个人，你是不是感觉到有点遗憾？”在全场有点尴尬的注目下，奥德伦笑了笑，很有风度地回答说：“各位先生，请不要忘记，当航天器回到地球时，我可是最先走出太空舱的。”他环顾四周笑着说：“所以我是从别的星球来到地球的第一个人。”大家听后，都在笑声中给予他最热烈的掌声。

人和人的关系有点复杂，很多时候我们之间有着竞争，又相互依赖。成人之美需要我们有着宽广的胸怀，有着非凡的气度。

春秋时候，楚庄王一次大宴群臣。酒宴闹到日落西沉，大家还未尽兴。楚庄王唤来士兵，点起灯烛，又令侍从搬来好酒，让大家喝个尽兴，还找来妃子跳舞助兴。

忽然刮起一阵大风，一下子把灯烛吹灭。宫殿中一片漆黑，一位喝得半醉的将军忙乱中起身，因为被妃子的美色打动，在酒精的作用下，欲非礼妃子。妃子大惊失色，不过当时没有声张，只是摸着将军的头盔折断了上面的盔缨。

王妃走到楚庄王面前，大声呼叫，说在黑暗之中，有人趁机非

礼她，她还折断了那人的帽缨，请大王找出那位无礼的大臣，问他的罪。大家听到了妃子的话，整个宫殿都一片死寂，大家心里都清楚接下来的事情非同小可。

大家都看着楚庄王，他沉默片刻，接着哈哈大笑。“大家喝酒尽兴，酒后失礼不能责怪。我赏大家喝酒，为的就是尽兴，不为了这点事情坏了大家的兴致。来，大家把自己的盔缨都给我摘了。”

大臣们按照楚庄王的命令重新点了灯，那位醉酒的将军无地自容，群臣继续喝酒尽兴而散。在宴会上楚庄王暗暗观察大臣们的反应，心中明白了是哪位大臣。更令人不解的是，在宴会之后，楚庄王竟然把王妃赐给了那位无礼的将军。

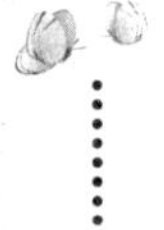

3年后楚晋大战。有一位将军身先士卒，奋不顾身冲杀在队伍的最前面。舍生忘死的将军战功赫赫。没有错，这位将军就是当年宴会上非礼王妃的那个人，为了报达楚庄王的恩情，肝脑涂地在所不惜。

当宽厚待人内化成一种修养的时候，可以成为一种人格魅力。成全别人的好事，为他人鼓掌。把掌声送给别人不是刻意抬高别人，贬低自己。更不是吹牛拍马、阿谀奉承，而是对别人的成就和优点的肯定。为他人鼓掌的人心态让我们能看到别人的优点，而一个愿意为别人鼓掌的也会得到更多的掌声。

◎自助和受助的结合

在人生的历程中接受别人的帮助也是非常重要的，虽然有许多例子说明只有通过个人的勤奋自励和吃苦耐劳才能完成许多伟业。自助和受助这两个事物，看起来是相互矛盾的，然而他们必定相互结合才是最好的，我们可以选择高尚的自助和受助，从摇篮到坟墓，所有人都因受抚养和受教育而或多或少受人恩惠；那些最优秀的人和真正的强者往往最乐意承认和接受这种帮助。

法国作家托克维尔的人生经历就是榜样，托克维尔出生在一个双亲皆为贵族的家庭，他父亲是法国一个颇有名望的贵族，他母亲是公爵的孙女。由于强大的家族影响力，当他年方21岁时就被任命为凡尔赛审计法官，但是很可能是由于他觉得自己的才能不足以胜任这个位置，他决定放弃那个很多人羡慕的职位，由自己单独开创自己未来的生活道路。在很多人看来，他这个自以为是的富家公子不知道生活的艰辛，但是托克维尔勇敢地按照自己的决定去行动，毫不退缩。他辞去了自己的职务，决定离开安逸的生活去美国游历访问。而这个行动的成果就是后来出版了那本伟大的《论美国的民主》。

同他一起游历的朋友这样描述在此次历游中那位孜孜不倦的勤奋青年：他的本性是于懒惰格格不入的，无论是在旅行过程中还是在休息的时候，他的头脑一直在飞速运转，同他在一起，最愿意聊天的内容是对他有用的东西，对他来说，最糟糕的日子就是无所事事。

在托克维尔亲自写给朋友的信中有这样的段落：生活中，人们不

能有一时一刻没有行动，因为个人的外在努力，同个人的内在努力一样都是必不可少的东西，如果不是这样，即使我们在年龄上增长了，我们的心态也是年幼无知的。我把生活在世上的人比作一个在十分寒冷的地区漫无止境地艰难跋涉的旅行者，他走得越远，他就走得越快。灵魂的病变是可怕的，为了抵御这种可怕的罪恶，一个人不仅需要来自内心深处的精神力量的支持，也需要与生活上事业上的朋友保持亲密的联系，互助互爱，共渡难关。

尽管托克维尔个人吃苦耐劳、独立自主，但是恐怕没有人能比他更充分认识到人生中受人帮助和支持的重要价值。他时常充满感激地深情感谢他的两个好友，一个给了他精神和智力上的帮助，另外一个从道义上支持和同情托克维尔。托克维尔也从不掩饰他对自己妻子的感激之情，由于她对丈夫的无私奉献，使得托克维尔能全心进行他的研究。

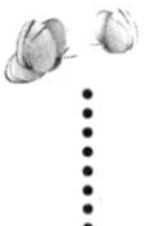

无论对别人的感激显得多么明智和多么美好，从事物的本质上来说，人们自己应该是自己的最好救星，但是在人的一生中，免不了受到别人的影响和帮助。两者相互结合才是生活的智慧。

◎善良是一种智慧

善良是一种智慧，因为善良的人才会透彻幸福的含义；善良是一种远见，因为善良的心会得到灵魂的回馈；善良是一种胸怀，因为善良的心会包容周围的一切；善良是一种自信，因为善良，会让自己永远美丽；善良是一种文化，因为善良，你会让自己变得深邃；善良是一种精神，因为善良的心亮出了做人的品味；善良是一种以逸待劳的沉稳，善良的心能面对一切挑战；善良是一种快乐，是一种乐观，善良的心能发现别人不能发现的美好。

善良似乎已经不那么被人重视了，成为了过时的词。在激烈的竞争中，各种人际关系相当复杂，利益至上与实力原则似乎早已代替了道德的原则。在每个人追求利益最大化的过程中，善良成为了被伤害和欺骗的对象。

我们知道善良的人是比较容易受到伤害的，善良和愚蠢之间有时候只在一念之间。东郭先生、农夫与蛇，农夫和东郭先生的善良到了愚蠢的地步。故事告诉我们对狼、对毒蛇大发善心，到头来会害了自己的性命。帮助别人也要学会区分对象，不分对象的善良就是愚蠢。

如果我们从另外一个角度去思考，那些需要帮助的人当中，那些渴望人们伸出善良的援助之手的冻僵者或重伤者当中，有多少是毒蛇和恶狼。我们知道这个世界上有少数坏人，大部分是好人，为了自己遇见的少数坏人，而不惜以对待坏人的方式对待身边大多数好人，这样不是把自己局限在自己的遐想当中了吗？

如果说，面对毒蛇和恶狼而一味善良便是糊涂的农夫和东郭先生；那么面对并非毒蛇和恶狼的人却坚决以对待毒蛇或恶狼的态度对待之，我们自己又成为了什么？是不是我们自己也向毒蛇或狼靠拢了呢？

善良和凶恶相对的时候，前者会显得非常脆弱无力，而后者显得异常强大。凶恶会毫不犹豫地向善良施展毒手，而善良却处于不设防乃至不抵抗的地位。凶恶是无所不为的，凶恶因而拥有各种各样的武器，而善良就是一颗赤诚的心，善良常常会被弄得遍体鳞伤。

而人们还是喜欢善良、欢迎善良、向往善良。善良才有幸福，善良才能和平愉快地相处，善良才能把精力集中在建设性的有意义的事情上，善良能摆脱恩怨纠纷的恶斗与自我消耗，善良让我们更加健康，善良能使得社会和谐。

这就是善良的力量，善良的力量就在于它属于人、属于历史、属于文明、属于理性、属于科学。一个文明高尚、发展良好的人都应该是善良的。

善良可以与天真也可以与成熟联系在一起，多数情况下善良之不为恶非不能也，是不为也。善良的人不是不会抗争战斗，只是光明磊落，不滥用强硬的方式。帮助别人出自我们善良的心驱使，善良者面对现实，永远不会丧失对世界和人类的理想和信心。

◎与人为善

当我们无私帮助别人的时候，也可能帮助了自己，至少让我们不被自己帮助过的人所伤害。发生在朋友身上的故事告诉了我们这个道理。

张先生和他妻子都是大忙人，分别在上海的企业中担任着重要的职务。所以就在一个家政公司里请了一个小保姆，照顾全家的生活起居。小保姆20岁不到，身体有些单薄，弱不经风。可是张先生雇用了小保姆，因为他看到小保姆很需要这份工作。

小保姆干活很勤快，把家里的家务都干得挺好，张先生一家对她非常满意。这时，张先生的妻子却发现小保姆经常吃药，就问小保姆是不是病了。小保姆没有承认，只说没事没事。

有一天，张先生回家发现小保姆昏倒在地上，赶忙把她送到了医院，并为她付了医院检查的费用。在小保姆住院的日子里，张先生的夫人还经常去医院看望，并吩咐她安心养病。

检查结果很快就出来了，小保姆病得不轻，有严重的肾病。医生说需要动手术换肾才能医治好，而手术需要很大一笔费用。张先生只好拍电报给她老家的父母，通知病情。张先生一家去看望小保姆的时候，还一直劝她好好养病，说着说着，小保姆忽然哭了起来。

小保姆忽然良心发现，双眼饱含着泪水向张先生吐露出了真情。原先在她老家的时候，已经知道自己得了严重的肾病，因为没有钱医治，而在农村也干不了什么重活，父母就托关系把她送到城里去当保

姆。隐瞒病情是为了坚持半年一载的，等病倒以后，就一口咬定是在东家做保姆给累坏了身子的，然后趁机敲诈一笔，甚至以无赖的方式要求东家养一辈子。

可是张先生一家对小保姆如同家人一样，不但为她付了医药费，生病住院还这般关心自己，她实在不能做出这样的事情。后来小保姆没有钱动手术，张先生还帮她买了回家的火车票，送她回家去了。小保姆临上火车的时候，跪下对张先生说："好人会有好报的，好人会有好报的。"

故事有点像小说情节，关于善和恶的讨论从来没有停止过。善与恶是同存的，所谓好人只是善占了上风，恶被压制了；所谓恶人，是恶占了上风，善被压制了。帮助一个人，就可能使他的善发扬光大，我们对人保持着善良之心，不被世俗污染，与人为善，天下可能会太平很多。

◎富有同情心

在报纸上看到这样一个真实故事，发生在美国的一个小镇子上。小学生汤姆上课的时候忽然晕倒了。老师急忙通知家长，把孩子送去了医院。令大家没有想到的是，经过医生诊断，小汤姆竟然得了癌症。

跟着而来的是一连串更详细的检查和治疗。当然其中包括人人闻之色变的化学治疗。在不断地使用化学针剂治疗之后，癌细胞的蔓延受到了有效的控制。而小汤姆也忍受着同龄人不能想象的痛苦。化疗让小汤姆的头发大量脱落，一直到他头上不留一根头发，而且化疗让他身体浮肿。

小汤姆觉得自己难看极了，虽然出院的日子马上来临，可是他并不想出院，因为害怕其他的孩子笑话他的秃头。汤姆母亲看出孩子的心事，就去商店为他买了一个假发，并打电话给学校的老师，希望孩子们不要取笑汤姆。

学校的老师知道这个情况之后，觉得应该为汤姆做点什么。他就去理发店把自己的头发给剃掉了，并把小汤姆的事告诉了班上的同学。大家都为小汤姆的不幸感到难过，也为他的勇敢感动。于是几个和汤姆要好得男孩子，也把自己的头发给剃光了。

出院以后，小汤姆在家休息几天就决定要回学校学习了。他担心自己的光头造型吓坏了班上的其他孩子。他们肯定会哈哈大笑。在去学校的路上，汤姆闷闷不乐，甚至有点自卑起来，说不定其他孩子不

想和自己玩了。

母亲推着轮椅送他进教室的那一刻，母亲和汤姆都不禁张大了嘴巴，他们被自己看到的那一幕惊呆了：只见全班男同学全都理光了头发，连老师也顶着大光头。

大家看到汤姆回来了，老师特意停下讲课，笑着说："欢迎我们的光头小勇士回学校，大家欢迎！"汤姆一把扯去了闷热的假发，从轮椅上一跃而起，大笑着摸着同学的光头。

关怀和抚慰，不仅仅在言语之间，更重要的是能设身处地站在对方的立场，细心体会受关怀者的实际需要，将真心关怀付诸行动。这种深具同情心的关爱，不但能安慰对方的不安，甚至沮丧的心情，使之得到缓解；同样能燃起他心中的力量，从而激发潜能。

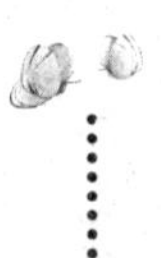

◎谁是你生命中的贵人

一天，和朋友在讨论朋友关系和亲戚关系哪个来得更深厚一些。然后听席上的一个朋友讲述了一段自己的亲身经历：在他读大学的时候有次打篮球受伤，当时两个朋友把他连夜送往医院。由于家人远在外地，本打算不通知他们的，后来要手术住院才通知家人过来。在这期间，两个朋友整天到医院陪着他，几个晚上没有合过眼。当时因为手术后不能让他昏睡，就拉着他不停地讲话。后来住院期间即便他家人过来了，他们也依然常常到医院来看望他，直至出院。其实，他们之间仅是普通朋友而已。

听朋友讲完，看得出来在场的人都为这种朴实的感情所打动。在我们的生命中总有很多人，在我们无助的时候，拉自己一把，陪伴着自己渡过难关。人生有起有落，谁也不能保证一生不会出什么意外，而能在人生低谷的时候帮助我们的人，那就是我们生命中的贵人。

他们与你并没有什么血缘关系，但是却愿意无私地帮助你。在我们的生活中，总会遇到一些这样那样的人，有的人今天遇到，明天或许就永远不会联系了。可能这一辈子就不再相见。而像这种人是值得珍惜，很难遇到的。他不一定是权贵人士，不会给你金钱，不会给你权力。仅仅是一个非常普通的人，但是他却愿意真正地来关心你。

得贵人帮助，是无法回报的，总觉得做什么都不足以回报他们，不过这种感情也是无法量化去回报的，虽然别人也并不打算你会去回报。惟一可以做的是在心里珍藏这份情谊，再把这份爱传递出去。

刚刚走进社会的年轻人显得尤为紧张。因为面对的是广阔社会，形形色色的人物。在我们生活的城市，人情经济占据了市场经济的大部分，认识和接触越多社会上的人，就越能让自己如鱼得水。应该感谢给予关心和支持的朋友，他们中有同学、有朋友、有客户甚至有初次谋面和仅几面之缘的人们。如果没有这些朋友，又怎能撑起我们的信心之帆。

关心、支持和帮助我们的朋友们，一次次共渡难关的同事。平时能够怎样对待别人，其实就是在对待自己。相信这世上有“贵人”，相信自己有“贵人”相助，更应该知道，这位“贵人”其实就是自己。因为“自助者天助”，只有经过自己的努力与奋斗，才有水到渠成的可能。一个人内修品性，外修人脉，风过沙现、锥处囊中之时，贵人自当出现。

不用刻意去寻找生命中的贵人，因为从某种意义上说，应该是贵人在寻找自己，如果真的要去寻找的话，那就是自己去努力、去拼搏了。

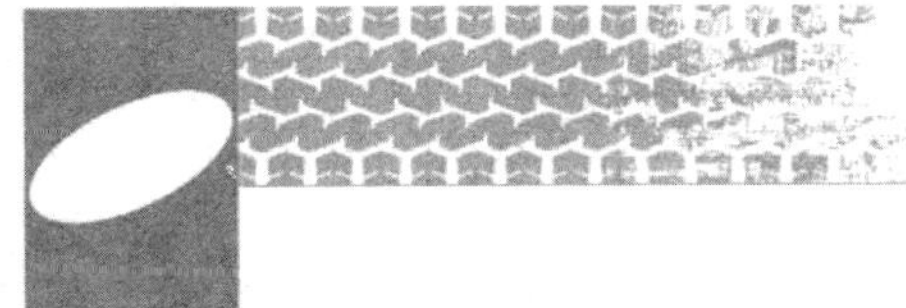

第四章

时间是思考：给智慧插上一对翅膀

◎保持思想的自由

雪融化了变成什么？标准答案是：雪融化了变成水。每一个稍有生活常识的人都能回答上来，却有一个小男孩回答：雪融化了变成春天。我喜欢小男孩的答案，它要比标准答案更美。

一个人在他自己的头脑的领地内拥有一切力量，但在他人头脑的领地内，他的力量却非常有限。我们可以支配自己的头脑，可以选择自己的思想，但却不能对别人想些什么做出选择。

一个人可以做他喜欢的事情，即可以按照自己的思想去行动。我们说的话、做的事，都是由我们的思想所控制的，让思想自由才能创造出美好的生活。

真正的文学大师，必须有独立的思想，有心怀苍生的胸怀，有敢于质疑一切、直抒胸臆的勇气。他抒写的，是发自内心的真情，是自由的人性追求，是纯乎天真的个性张扬，是亘古不变的悲天悯人，是挣扎在社会底层的芸芸苍生。

思想缺乏自由的社会很难出现这样的大师，因为社会抹杀了他们创造的热情和才华。即使有，也被压抑在社会底层，痛苦地挣扎。或许在另一个时代，在遥远的未来，才被发现。在这个浮躁的、急功近利的时代，没有人愿意成为死后的伟人和大师。文学、音乐、绘画、思想等人文科学领域，莫不如此。自由的思想才能迸发出绚丽的创意。

对于一个国家来说，思想自由才能使得国家发展壮大；对于个体

而言，自由思想是一种权力，它能让个体生命更加丰满精彩。现实的社会中，我们周围充满了各种各样的声音。每个声音都在吸引着我们的注意，试图在劝服我们。来自媒体的声音可能掩盖甚至改动了事情的真相。

保持思想自由变得困难，因为我们要学会分辨，要学会自己思考。我们要面对现实的考验。但是，思想自由应该是我们的梦想，不该放弃。

◎“打碎花瓶”的智慧

有一位科学家在家的时候，不小心打碎了妻子喜爱的花瓶，花瓶非常漂亮而且价值不菲。正当妻子因为这只心爱的花瓶破碎懊恼和惋惜的时候，科学家忽然灵机一动，想要做一个实验。

他收拾起了地上的每一块碎片，统统搬到了自己的实验室里。妻子大为不解，不知道他的丈夫接下要干什么，但是她已经习惯了这位科学家丈夫的奇思怪想，没有去管呆在实验室里的丈夫。

科学家把花瓶的碎片按大小排列，并称出了每一块的重量。他收集了大量的数据，并经过艰苦细致的运算后，他发现了一个有趣的规律。在所有的碎片中，10~100克的最少，1~10克稍多，0.1~1克的和0.1克以下最多。尤其是这些碎片的重量之间有着严密的倍数关系：最大的碎片与次大碎片的重量之比是16∶1，中等碎片与较小碎片的重量之比也是16∶1；较小碎片与最小碎片的重量之比也是16∶1。

他惊奇地告诉妻子这个自认为伟大的发现。妻子没有出现如他所想的兴奋，甚至有点冷淡地说：“这样啊，16∶1，挺有趣的，但是，亲爱的，这又有什么用呢？”这倒提醒了科学家，“是啊，这能有什么用呢？”他不断地在自己的头脑里思索这个问题。刚才的兴奋也早以成为了过去。

科学家不断地尝试，也许这个发现能用于考古研究和天体研究。原理就是按照打碎花瓶的重量规律，可以由已知文物、陨石的破残碎片推测他们原来的状况，用以迅速恢复他们的原貌。事实证明，这个

大胆的假设是可行的，他为考古和天体研究提供了一种科学的方法，推动了考古和天体研究的发展。这位科学家也因为他杰出的成就被大家纪念。

花瓶碎了，科学家思索着从打碎的花瓶中寻找什么。他找到了，并把他应用到了工作中，推动了科学的发展。每天在这个世界上又有多少花瓶被打碎，我们没有思索，往往把打碎的花瓶碎片一扔了事。成功人士并不一定比我们有着多少优越的条件，重要的是他们对待自己思索的态度。

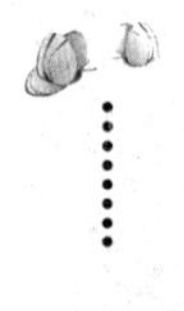

◎最后成熟的苹果最甜

迟开的小花也能结果，而且常常结出更加珍贵的果实。最后成熟的果子最甜，并且不会腐烂。在我家门口有一棵苹果树，它是我儿时的乐园，因为有它，我的童年多了一份美好。夕阳下，几只小鸟在那里整理羽毛，苹果树的叶子被夕阳染成金黄。秋天的时候，微风吹来，不时把树上的叶子送到我的脚下。我习惯了在苹果树下玩耍，看着结满果子的苹果树，心中总是无比愉快。

眼看着果子要成熟，父亲就忙着把果子给摘了下来，周末回家树上已经没有果子了。我却发现了还有一只苹果，它挂在树叶背后，大小如我的拳头。那是一只被忘记的苹果，位置非常隐蔽。如果不是我站在那个位置的话，根本发现不了它。

第一个念头是心中一喜，觉得这是个意外的发现。然而我没有去摘它。我想知道这个苹果能留到什么时候，让他成为最甜的一个苹果，算是给自己留一个惊喜。立冬、小雪、冬至、大寒，日子一天天地过去。每个周末回家的时候我都会在那个位置上看一看我的那个苹果，它就像是我的朋友一样。我看着它慢慢地变黄，心中的那份期待也越来越重。我没有告诉任何人，它就像是我一个人的秘密，每次看到那个漂亮的苹果，心中总是满怀欣喜。

又是一个周末，我回家来到苹果树下，忽然发现苹果已经不见了，我还怀疑是不是自己站错了地方，找不见那个苹果了。转来转去，我才肯定是我的苹果不见了。也许是从它身边经过的秋风让它离

开了树枝，可能我在寻找它的时候，它却在一个很隐蔽的角落慢慢地腐烂着。心中的失望油然而生，甚至到了有一点点后悔的地步，也许早点摘下它就好了。

带着失望回到家中，脑海里那个金黄金黄的苹果成为了我的遗憾。晚饭的时候，坐在院子里聊天。母亲拿来了一篮子洗好的苹果，我第一个去抢了一个过来，咬了一口。发现这个苹果比我以前吃的任何一个都要甜，“真甜！真脆！”我叫个不停。母亲笑着说：“你吃的肯定是我那天从树上摘下的那个，真没想到还留了一个，还被你吃了。”

“啊？”我一下子想起来那个挂在树上金黄金黄的苹果。我仔细看了看这个苹果的外形，饱满圆润，它的色泽是那样金黄厚重。真没想到这个“朋友”，对我不告而别，又给了我一个意外惊喜。我就把我天天看着那个漏在树上的苹果的故事说给了大家听，大家听了都哈哈大笑。

我们总是羡慕那些年纪轻轻就功成名就的人，想到那个苹果，也就不再羡慕。尽量让自己更加专注，因为那只苹果让我明白了一个道理，最后成熟的果子最甜，并且最不容易腐烂。

◎办法总比困难多

父亲告诉我，如果发现走这一条路达不到目的地，就走另一条路试试。

小约翰最近一直很难过，闷闷不乐。于是小约翰的父亲带着他离开了家，来到了市郊的一个小镇上，他们一起爬上教堂高高的塔顶上面。小约翰心里一直在想，带我来这地方干吗？

坐在塔顶上，父亲对着小约翰笑笑说："往下看孩子！"

小约翰鼓起勇气，朝脚底下看去，只见星罗棋布的村庄环抱着罗马，如蜘蛛网交叉扭曲的街道，一条条通往罗马。"好好瞧吧，亲爱的孩子。"父亲温柔地接着说："通往罗马的路不止一条。生活就是这样，如果发现走这一条路达不到目的地，就走另一条路试试。"

小约翰想自己明白了父亲带他爬上这里的原因。前几天，约翰对母亲说过食堂的午餐太糟糕了，想让母亲帮助他向学校反映情况，可母亲不信。后来他求助父亲，父亲当时没有说什么。他现在明白了父亲的意思，在回家的路上他已经想到了方法。

第二天去学校用午餐的时候，小约翰偷偷地把汤倒进了他带的饭盒里带回了家，并对家里的厨师说，晚饭的时候把汤端上去让妈妈尝尝。这办法很有效，妈妈尝了一口就连吐口水，埋怨这个厨师是不是疯了。接着约翰就把他自己做的事讲给了母亲听，母亲这回相信了，她决定明天就去学校反映这个情况。

父亲教给小约翰的这个生活哲学，很快起了作用。小约翰一直想

成为一名服装设计师，然而要成为一名服装设计师并不是那么简单，即使你满身的才华也不见得能美梦成真。小约翰没有止步不前，总是动脑筋、想办法，因为他已经知道了办法总比问题多。

约翰为了理想来到了全世界的时装中心。仔细浏览了那些著名的时装设计，没有能让约翰灵感爆发的作品。有一天，约翰遇到了一个朋友，他立即对这位朋友身上穿着的非常漂亮的毛衣产生了浓厚兴趣。他觉得虽然颜色朴素但是编织却很巧妙。他询问了这件毛衣的编织者黛戴安太太是如何编织的，并自己学会了其中的技巧。

约翰继续动脑筋，想出了一种更为新颖的毛线衣的设计。接着，一个个大胆的念头涌进了约翰的脑中：他利用父亲的商号开了一家时装店，从毛线衣开始，自己设计、制作和出售时装。

约翰马上行动，他设计了一个蝴蝶的花纹的毛线衣设计图，请黛戴安太太先打了一件。毛衣十分漂亮，约翰让自己的夫人穿着毛衣去参加一个时装商人举行的晚宴。约翰夫人成为了宴会上的焦点，夫人们纷纷过来打量她身上美丽而独特的毛衣。当得知这件毛衣是约翰自己设计制作的时候，大家纷纷向约翰下了订单。结果一个晚上，他成功地拿到了200件毛衣的订单。约翰高兴地拿着订单直接找到了黛戴安太太。

黛戴安太太听说要做200件，而且要在一个月内完成的。脸上的高兴马上不见了。她告诉约翰，她织这一件毛衣差不多花了一个星期，就算再快，她也完成不了一个月200件的任务。约翰听了黛戴安太太的想法，觉得是自己太过兴奋了，没有考虑到自己商店的能力，于是马上又灰心丧气起来。

当他决定去告诉客户自己困难的时候，他想一定还有办法能解

决。走到半路他又回到黛戴安太太家，劝服黛戴安太太和他一起去寻找能织这种毛衣的人。他们调查了几乎所有住在巴黎的美国人，终于找到了25名能编织这种毛衣的人。一个月后，200件毛衣准时地完成了。接着成功不期而至，约翰的服装受到明星和贵妇人的宠爱，他的商店也取得了巨大的成功。

故事到此结束，意义很简单，遇到困难的时候不要停止思考，办法总比问题多，通往广场的路又怎么能只有一条呢？

◎不及时成功就是失败

看中央电视台《动物世界》，其中讲到了一对麻雀父母，足足领养着5只小麻雀。小麻雀毛还没有长齐，因为害怕寒冷，他们就紧紧地挤在同一树枝上，等着父母喂食物。大麻雀总是衔取谷子，然后到地面上咀嚼，再回到枝头上哺育孩子。而每当大麻雀飞临的时候，小麻雀都极力抖动翅膀，张大了嘴巴，并发出尽可能大的声音。别看小麻雀个子小，它们的嘴巴在这个时候张得可特别大，整个脑袋也就只有一张嘴那样大。

接下来的情景着实让我有些震撼，在那一窝刚刚出生的小鸟之间的竞争原来也是那么激烈残酷。大麻雀是不知道每个孩子的食量的，它可能来来回回地喂同一两只小鸟，而其他的鸟只能挨饿，甚至饿死。因为那两只嘴张得特别大、声音特别响、翅膀抖得特别厉害的总是能吸引大麻雀的注意。

不知道表现的小鸟吃不到任何东西，越来越瘦小，连挥动翅膀和叫唤的力气也没有了，后来就不见了，鸟巢里只剩下健硕的两只麻雀，被喂得结结实实，终于能独立进食，不再依靠父母。

节目主持人说，一窝小鸟之中很少有全能活下来，他们会因为没有维持他们生命的食物而死亡。这就是自然的规律，在资源一定的情况下，竞争者就是此消彼长的关系。那些抖翅膀、张大嘴、高鸣的表现，都成为了竞争的手段，食物有限，在成长中不能适应竞争的当然要被淘汰。人类社会中的竞争要比小麻雀世界中残酷得多。

我们见多了年轻的时候贪图享受，老了以后穷苦不堪的例子。新东方一位老师在每期学员毕业的时候，都会送他们几句话，其中有两句让我印象深刻：怕吃苦，吃苦一辈子。不怕苦，吃苦半辈子。失败只有一种，那就是半途而废。这两句话都是劝人努力坚持的，简单易懂，道理深刻。

时间和机遇总是在我们不经意的情况下溜走，只有坚持不懈地努力才能达到自己的目标。有人把自己的资源不断进行学习投资，有人在享受中蹉跎岁月。时间一长，结果就很明显，我们都在人生这个大舞台上扮演着自己的角色，不努力争取就会慢慢地被淘汰。很多时候，我们成为温水中的青蛙，忽然发现自己已经被生活所抛弃。现实的残酷是最好的老师，很多时候我们只是任性的孩子，不愿意承认自己的错误。因此，不应该抱怨竞争的残酷和别人的强势，还是学会大叫着拍动翅膀才好。

◎保持领先一步

小学的时候，我祖父去世了。他生前最疼爱我，当我意识到这个疼爱我的人从此在这个世界上消失的时候，我的悲伤就到了不可压抑的程度。我在房间里痛哭，回忆着祖父生命最后的那些日子，眼泪像失去了控制一样不断地流淌着，那是我流泪最多的一次了。

那些哀痛的日子，断断续续地维持了很长一段时间。父母亲虽然也沉浸在悲伤之中，但他们还得忙着准备祖父的葬礼。我知道了时间里所有的事物，在时间流淌过去的时候，就再也回不到原来的样子了。就像小时候缠着祖父讲故事的我已经消失了，因为那个讲故事的人已经离开了这个世界。这一天过去，就不可能再回来。

面对着墙壁上的日历，一天撕去一页，时间就这样消失着。那段时间我害怕时间的流逝，心里的害怕让自己觉得自己的生命也向终点靠近了一点点。每天放学回家，在家里的院子里看着太阳一寸寸地沉进了山头，就知道这一天真的完了。虽然明天的太阳还是照样升起，可这一天的太阳却永远消失不见了。

小鸟飞过了空中，它们飞得很快。它们可能是重复着昨天的路线，可是昨天的这条路线也已经消失不见了，或许明年再飞过这条线路的小鸟变成了老鸟，接着生命又消失不见了。在那段时间，我一直在思考，每天有多少生命在这一天中消失，也许是全部，全部的生命在一天中消失了，时间对所有人都是公平的，那一天的生命都会无情地消失。新的一天又会开始，而昨天的生命已经全都不见了。

我接受了这个现实，也接受了祖父的离去。没有人能去阻止时间的流逝，却可以和时间玩一个幼稚的游戏。有一天我放学回家的路上，看见太阳快落山了，我就在心里下了决心，要比太阳更快地回家。我开始狂奔回去，我不时地回头看看那个高高在上的太阳，觉得它实在也不快，我得意地奔跑着。当我气喘吁吁地到达家里的院子，我发现太阳还露着半边脸。我心里忽然很得意，很满意自己的表现。那一种成就感并不比我拿全班第一差多少。于是我喜欢上了这个游戏，有时候和太阳赛跑，有时会和西北风较劲。

每一次我完成了比赛，我快乐地几乎无法形容。那种小小的快乐似乎让我体会到了战胜时间的快感。我知道我从来跑不过时间，但有时候我们可以让自己比原来快一点点，如果你够快，有时候可以比原来快好几步，那几步可能很小，但是意义却很大。假如一直和时间赛跑，谁能保证自己不会比别人先成功一步呢？

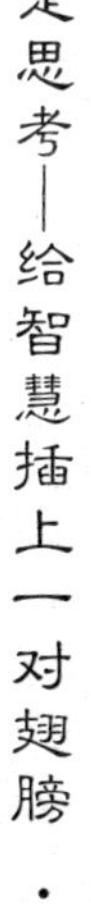

◎打好手中这副牌

最终胜利不在于牌，而在于你自己。

美国前总统艾森豪威尔将军在年轻的时候，总是向母亲抱怨学校的条件差，母亲没有说什么。一次，他和家人在一起打牌，手风很不顺，抓的都是很糟糕的牌，于是他诅咒起这可恨的坏牌。他的母亲静静地看了他一眼，然后对他说："你到底还打不打牌？上帝给你的就是这样一副牌，如果你不想放弃，就请打好你手中的牌。"

艾森豪威尔没有想到一向温柔的母亲，竟然为了打牌向自己发火。可是他觉得是自己不对，而母亲却是在激励他。他明白了母亲的用意，不再抱怨，而是认真地打起牌来。后来不管从军还是从政，艾森豪威尔将军都用母亲的教导来激励自己，即使上帝有时候很偏心，给了自己一副烂牌，也要认真打好手上的这副牌。

如果你相信有上帝，也应该承认上帝有时候是很偏心的，他会给别人一副春风得意的好牌，而看看自己的普普通通的牌，甚至有时候是副绝对的烂牌。我们没有机会去选择自己的牌，因为这不符合游戏规则。

牌的好坏上帝决定，怎么打却是我们自己说了算。如果够幸运，自己拿到的是一副好牌，一定要争取打赢，认认真真出牌，骄横跋扈的人一拿到好牌就不知所谓，结果还是会输；如果只是一副普通的牌，更要努力，想方设法打出水平；如果摊上一副糟得不能再糟的牌，不要气馁，更不能放弃，认认真真打到底，也许就能出现意外的惊喜，至少自己尽力了，就不会为此后悔。

人生就像牌局，每个人分到一手非接受不可的牌，靠牌好打赢的人没有什么可以骄傲的，那些牌不好但却能打赢的人才值得我们去学习和敬佩。

周婷婷是中国第一位聋哑研究生，但谁知道，他生下来的48天后就双耳全聋。父亲在培养周婷婷的过程中付出的艰辛是常人无法想象的。为了让女儿开口说话，父亲抱着饼干桶“不说不给吃”，一遍一遍地重复“饼干”，父亲硬着心肠任女儿哭喊，整整40分钟以后，终于喊出了类似字音“布单”，这样近乎虐待的教育，让女儿开始慢慢地成长。正常的孩子能轻而易举地叫出“哥哥”，周婷婷却用了整整3年来突破这个音节。

父女俩就是这样一张一张艰难地打着发给他们的牌，结果16岁的周婷婷上了大学，成为了中国第一位聋人少年大学生。他大学毕业又被美国一所著名大学录取为研究生，成为了中国第一位聋人研究生。

在现实的社会中，我们总是抱怨，抱怨自己的命不好，而不是在努力将手中牌打好。埋怨自己的父母，愤怒社会的不公，憎恨老板的眼光等等，他们就是没有想到怎么把自己手上的牌打好，比如，努力学习，认真工作，勤快做事等等。

人的很多客观条件是不能改变的，比如相貌、家庭、身材等等，这些就是你手上的牌。出身富贵、玉树临风、智力超群当然都是一手令人羡慕的好牌。出生寒门、智力平平，甚至天生残疾也不用伤心难过，刻苦、认真、踏实、坚强地把自己的牌打好，一样能在人生的牌局中获胜。而且这样的人更受人尊敬和佩服。

在人生的牌局中，重新审视自己手上的牌，请相信：最终的胜利，不在于牌，而在于你自己。

◎张开想象的翅膀

那天回家路上，看见一群孩子在争吵。他们指着天上的一块云吵着，有的人说他看到了一群绵羊，有的人说他看见了一位美女，有的人说他看到一团团棉花，有的人说他就是看到一块云……

小孩子的想象力总是无比的丰富。画家在画布上勾勒脑海里的图案，作家在白纸上写下他们的想象，演员演绎他们对事物的感知，商人为梦想的财富而努力，想象力成为了一个人成功的必要能力。

想象力创造着我们美好的生活，发明创造、艺术创作无不是在想象的基础之上而来的。每个事物都可能成为其他所有的事物，不用吃惊。艺术家的大脑就是完美想象的大脑，没有想象力跨越不了的障碍，想象是成功最好的朋友。

那天朋友问我，知不知道4是8的一半？我毫不犹豫地告诉他我知道。这是连小学生也不用思考的问题。接着他又问我0是不是8的一半？我惯性地认为朋友是在开我玩笑。没有立刻回答，我想了一想。8不就是由两个上下重合的0组成的吗？我马上知道了答案。

朋友连夸我聪明，接着又问我知不知道3是8的一半，我马上也有了答案。接着又说到了2、5、6等数字，甚至1都是8的一半。只要花一点时间问题都能解决。

我知道不是我聪明，如果一开始问我知道不知道3是8的一半，我可能要想好一会都没有答案。想象力在一定时候是可以慢慢拓展的。比如人与人之间的接触交往都可能触发灵感，有研究表明托儿所和小

学老师创造力是非凡的，同其他职业相比，有58%的人显示出非凡的想象力。这正是因为他们同聪明伶俐的孩子他长期接触。

想象力像其他的能力一样，需要我们有意识去启发。我们可以采用各种各样的方法训练自己的想象力。经过美妙的想象，会产生一种美妙的感觉，会觉得思维得到了提升。寻找想象的空间，生活就会变得更加宽广和丰富。

◎多一点心思做事

如果我们是一群演员，在各自的舞台上扮演着不同的角色，很多的时候我们是在模仿别人，模仿那些我们认为是成功的人。

卓别林开始拍电影的时候，那些电影导演都坚持要卓别林去模仿当时特别有名的一个德国喜剧演员，但是电影出来没有成功，而卓别林直到创造出一套自己的表演方法之后，才开始成名。

威尔罗吉斯在一个杂耍剧团里，光表演抛绳子不说话，而且一直持续了好多年，后来一个偶然的机会才发现了他在讲幽默笑话上的特殊天分，于是开始在耍绳子表演的时候加入了幽默的表演，结果一举成名。

爱默生在他的一篇散文中写道：在每一个人的教育过程中，他肯定会在某个时期被发现。羡慕是无知，模仿就是自杀，无论好与坏，重要的是保持自己的风格。虽然在茫茫人海之中充满了各种好的东西，但是除非他耕作那一块属于他自己的土地，否则他绝对得不到好的收成。他所有的能力都是自然界的一种新能力，除了他自己以外，没有人能知道他能做出些什么，他能知道些什么，而这都是他必须去尝试求取的。

如果我们可以把任意两个人的人生清单拿来比较，你可能就会发现它们一些相似的地方。但是你如果发现这两张清单答案几乎完全相同的时候，你可以判断其中一定有人没有诚实回答。

没有任何两个人的梦想及目标是一模一样的。因为每个人的都是

独一无二的，没有人和另一个人完全一样。每个人都是被各自独特的环境所影响，每个人都有着不同的人格以及迈向成功的特质，这些特质造就了每个人的独特性，也引导了我们走向属于个人独享的自我实践的路途。

如果生命是一个交响乐团，我们不需要去为整个人类社会的发展指挥，只需要尽力弹奏出属于自己这一小部分美丽音符。首先问一问自己，手上抱着的是什么乐器。选择好了自己的乐器，就应该专注刻苦练习，演奏出属于自己的魅力篇章。

每个人对于成功的看法都不一样，追求成功就是不断寻找自己本色的过程。许多人牺牲了自己的本质去做那些自己不愿意做的事情，这样怎么能有生活的热情。商业上好多的成功都是因为敢于创新，女子十二乐坊之所以取得传奇式的成功，就是创新了一种表演模式。她们将古典乐器和现代表演元素融合在了一起，给人耳目一新的感觉，一推出就取得了巨大的市场效益。

多花一点心思，做什么都要不一样，有新意，这是取得成功的重要一条。

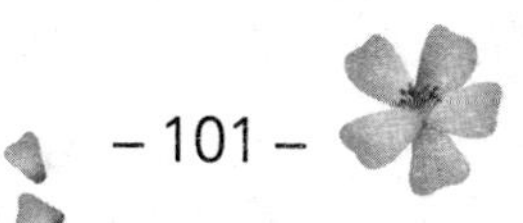

◎每个人都有一笔财富

华为总裁任正非的家族并不富有，任正非可以说是白手起家的典型。任正非小时候的生活极为贫寒，他在家中排行老大，下面有6个弟弟妹妹。一家9口人全靠在学校当教员的父母每月一点微薄薪水过活。

三年自然灾害留给任正非不可磨灭的印象，本来生活就很困难了，儿女一天天在长大，衣服一天天在变短，而且都要读书，开支很大，每到交学费的时候，妈妈就开始发愁，到月底的时候到处向人借三五元钱度饥荒，在那些困难的岁月里，常常跑了好几户人家都借不到。

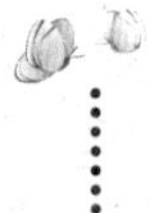

直到高中毕业，任正非都没有穿过衬衣，很热的天他还是穿着厚厚的外衣。他不敢向妈妈要一件衬衣，因为心里很清楚家里的条件。在任正非离开家去上大学的时候，母亲送给他两件衬衣。他看着手上的衬衫，想到的是弟妹们可能因此要饿上好几天，他怎么也高兴不起来。

那时候家中两三个人合用一条被子，而且破旧的被单下面铺的是稻草。上大学的时候要拿走一条被子，家里就更困难了。任妈妈就捡了毕业学生丢弃的几床破被单缝缝补补，洗干净。就是这条被单陪着任总渡过了大学的生活。作为老大的任正非，其他几个弟弟妹妹都是一个比一个小，。他们完全可以偷偷多吃一口粮食，可他们没有这么做。

父亲有时候还能在参加会议的时候，适当地改善一下生活。而母亲不仅要同别人一样辛勤地劳作，而且还要负担7个孩子的培养、生活。煮饭、洗衣、修煤灶，什么都干，消耗那么大，自己却从不多吃

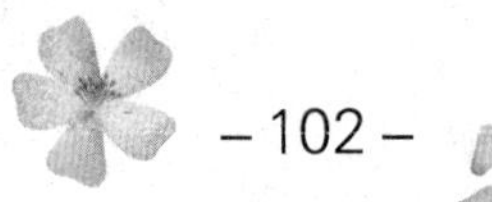

一口，而是尽量留给孩子们。那时家里对每个人的饭量都做了规定，宁可大家都饿着，要保证人人都能活下去。任正非很严肃地回忆，如果不是母亲的坚持，有一两个弟妹可能就活不到今天了。

在任接近高考的时候，有时在复习的时候饿得实在不行，连翻书的力气都没有。他曾经将米糠和菜和一下，烙着就吃了。而那时家里穷得连锁都买不起，粮食是用瓦罐装着的，他也不敢去随便抓一把，因为还有弟弟妹妹要活下去。母亲在高考的日子里在早上塞给任一个小小的玉米烙，正是这个小小的玉米烙帮助他安心复习，不受饥饿的影响。任回忆说小玉米饼是他考上大学的最大功臣。

任正非在这样的背景下成长起来，对于他来说贫穷是他的一个老师，它教会了人们怎么生存，并让人们珍惜眼前的生活，使人的脊梁比一般人都硬些，坦然吃苦，不屈不挠。在我们许许多多的民营企业家身上，都可以找到贫穷的影子。而他们的吃苦耐劳、坚韧不拔，往往是创业时期的精神爆破点和企业凝聚力所在。因此有人把贫穷称作成功者的“财富”。

1992年的冬天，华为公司到深圳经济特区外的西乡开会。开完会回来的路上，车子陷进了泥坑之中。任总二话没说，第一个下车，脱掉鞋袜跳进泥坑里推车。于是公司其他人员也纷纷下车，一起把车子推出了泥坑。很多员工回忆起当时的情景都会为之一振，神采飞扬地讲述着当时的感受。虽然只是一件很小的事情，却给当时在场员工留下了极其深刻的印象。

在任正非看来，这是再正常不过的事情了，而他身上的这种艰苦创业的精神成为了华为企业文化的重要组成部分，是贫穷给了任正非一笔不小的“财富”。

◎思想影响人的健康

身体是思维的仆人，它遵从思维的指令。在健康思想指挥下，人的身体很快就会与健康挥手告别；而在美好思想指挥下，人体却洋溢着青春的活力。

恐惧就像一棵子弹那样迅速地置人死地，恐惧围绕着成千上万的人；焦虑能够很快动摇整个身体的士气，让身体的大门为疾病敞开；不洁的思想，让人的身体沉迷于那些不良习惯，很快让人的神经系统受到冲击，使人疲惫不堪；坚强、纯洁和幸福的思想，能够以活力以及高雅来塑造身体。

如果想让你的身体完美健康，那么就应该守卫你洁净的思想，如果想更新你的身体，那么你应该美化你的思想。恶毒、嫉妒、失意、沮丧的思想，可以夺去你健康优雅的身体。忧郁的脸并不是无缘无故地表露，而是由闷闷不乐地思想造成的。

96岁的老太太，可以精神爽朗，脸上能看到小姑娘般的纯真；20岁的小青年，整日却愁眉苦脸，郁郁寡欢。前者拥有一颗幸福甜蜜的心，健康向上；而后者状况由于得不到满足，忧心忡忡。

强健的身体，欢快、幸福或安详的面容，只源于自由接纳欢乐美好而宁静的思想。身体是一个微妙而敏感的生命载体，它乐于对它印象深刻的思想做出反应，而且思想习惯将对身体产生作用，好的思想产生好的作用，坏的思想产生坏的作用。

只要人们让不纯洁的思想得以蔓延，身体内一直就会流淌着不纯

洁的，被毒化的血液。纯洁的人生、洁静的身体，都来自一颗纯洁的心。思想是行动、人生以及外表的源泉，只有这个源泉纯洁，所有一切才能纯洁。

祛除身体的疾病，没有比欢乐的思想更有效了；在驱散悲伤的阴影方面，良好意愿无与伦比。一直生活在恶意、愤世嫉俗、怀疑、嫉妒的思想中，如同把自己拘禁于自建的监狱。

保持心情愉快，积极乐观，耐心去发现他人身上的闪光点，抛弃所有自私狭隘的思想，是通向天堂的大门。

第五章

时间是休闲：身心健康的保障

◎与自己的约会

我们总是匆匆，希望赶在时间的前面，希望跑在别人的前头。

花一点时间聆听自己的内心深处的声音，跟自己对话，是通往一切成功的钥匙。

我们都能不能以为自己是个聪明的人，要不然，怎么会动不动就把自己弄伤，弄病呢。除了少数的那些很聪明的人以外，我们都是自己和自己过不去的人。安顿身、心，不仅仅是一个人的责任，也是我们这一生中重要的事情。一种米养百样人，每个人都完全不同，努力聆听自己心灵的方式也各不相同，但是目标却是一致的。人人都是在寻找着真实而快乐的自己，问题是我们似乎盲目了太久，空虚又疲惫，变得支离破碎，早已忘记了真实完整的感觉。

世事也好，人生也好，爱情也好，我们习惯了人云亦云的那些陈词滥调，发现原来自己习惯了电视和电影中创造的模式。我们被奴役在一个美丽的陷阱之中，高喊着实现自我的口号却在途中迷失了自己。

我们很在意别人对我们的评价，努力在寻求着自己身边人的肯定和赞同，甚至将他人对自己的认同作为自信的源泉。在刚刚离开学校的那段时间，因为找工作屡屡碰壁，开始对自己产生了怀疑。现在回头想想，反省是应该的，但是怀疑自己就让自己迷失了。这样我们的人生变得不是自律而是他律了。让别人限制了你的发展，成为了你前进的障碍。

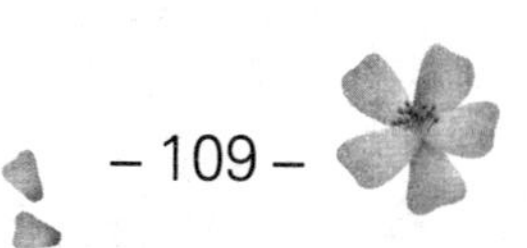

失落、空虚、疏离、无力、寂寞、犹豫就像洋葱的皮，一层一层包围着我们。当我们鼓起勇气，一层层剥下他们的时候，发现自己是那么脆弱，甚至已经伤痕累累。要想面对真实的自己，是需要坚强的勇气和强大的力量的。

一直很钦佩那些朝圣路上的信徒，艰苦的条件没有改变他们心中的信仰，而是更加坚定了他们心中的信仰。朝圣的旅途就是聆听自己心中声音的过程，也是不断地增强自己信仰的过程，为了心中神圣的目的地一路叩拜。

一份人人追求的身心安宁，未必只是在所处的社会环境之中，追求一方静土。退缩是没有任何益处的，独处深山依然可能意乱情迷。我想朝圣的路上一定是安静的，信仰使然。一个人相处的时候，也许并不一定是最真实的自我，因为有时一个人的时候反而因为寂寞而迷失了自己。和自己约会不用很多时间，也不用为挑选地点而烦恼，可以一杯茶，一本书，一张发黄的照片，也许就能找回了自己。

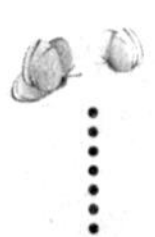

◎寻找自己的快乐

断断续续地下了快一个星期的雨，心情也变得有点压抑。懒着不想起床，闲来无聊就开始思考人怎么就会因为天气而变换自己的心情。也许是习惯了电视里悲惨的情节总是在阴霾的天气中发生，所以一遇到这样的天气人也就莫名悲伤了起来。这一天还是一样没有什么波澜，以至于在吃饭的时候都没有了胃口，勉强果腹。想到了终日奔忙，只能勉强糊这张嘴，心情一下子就沉入了谷底。

总说人生不如意者十有八九，把我们的一生中快乐和不快乐的时光作一个比较，快乐的时候就只有大概十分之一，而不快乐的时候就占了几乎全部。我们总是在感叹人生苦短的悲怆气氛中，度过了一天又一天。这几乎是绝大多数人的命运。

随后，就该穿衣出门了。心情没有任何好转，反而出现了更多的麻烦，总觉得镜子里的不是自己，怎么看怎么不顺眼，曾经风华正茂现在却憔悴郁闷。衣服脱来换去，总是不能满意，而大半不是从个人的舒服出发，而是为了顺从别人的眼睛考虑。你为着那琢磨不定的流行潮流而烦恼，一会儿这样，一会儿又那样，不知道怎么把握，似乎自己完全是在为别人的眼睛穿衣服，超前了，怕人说你，落后了又怕人家笑话，烦恼总是围绕着我们的生活。

开车出门，拥挤的道路塞满了各种各样的汽车，为什么有那么多不按规则出牌的对手，堵在路上的时间让自己变得更加烦躁，因为自己的多余还是抱怨别人的多余都让自己无法快乐。

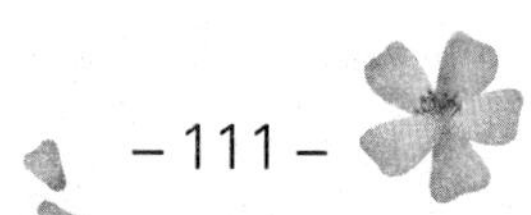

踏进社会才发现，并不是人人都是善男信女，那么多坑坑洼洼可能让你鼻青脸肿。真是越寻觅越觉得这一生是那么不如意。我说到的只是生活中不如意的万分之一，你可以举出更多例子来说明自己人生的不幸。

可是，大街上随便找个人问问，生活容易吗？谁都不容易。每个人都在自己的生活中战斗着，每个人的生活都是自己的战役。如果还有继续生活的勇气，就还是做个悲壮而快乐的斗士，努力寻找快乐，别跟自己过不去。

迎着那乌云下的太阳傻笑一下，不是也挺快乐的。记住了，多苦自己也可以快乐。

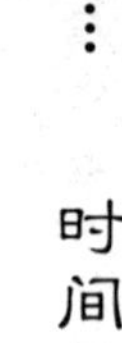

◎学一件乐器

记得在大学的时候，同寝室有一家伙为了女朋友的一句玩笑话而发奋学吉他。从开始学吉他的那个时候开始，课堂上就很少看见他了。我们上完课回寝室的时候，在走廊就能听到他那偶尔跑调的吉他声。晚上我们都睡觉了，他还想继续练，在我们的压力之下，竟然也想出了一个办法。他买来了蜡烛，点着蜡烛在卫生间里弹起了心爱的吉他。大家感动于他的热情，也就不再继续把他逼上“绝路”了。

由于这位同学异常勤奋，很快吉他演奏已经到了能在寝室表演的水平，接着在班级活动上一展成绩，再后来在学院的晚会上辉煌了一把。后来这位同学逢人就说，自己学了吉他带来的种种好处。他的一些“成功经历”着实让我们几个羡慕了一把。

基本上所有的人都喜欢音乐，学了一件乐器就多了一种取悦别人的能力。娱乐他人也，愉悦自己。他说他最得意的一场演出，不是在学院晚会上的“辉煌”，而是那一次母亲过生日。很多孩子都不知道自己母亲的生日，他也一样。他父母离异，一直和母亲生活在一起。那一天，他像往常一样回到家中，边玩电脑边等着母亲叫他吃饭。

晚饭的时候，他发现今天多了一个生日蛋糕。他从这个蛋糕知道了今天是母亲的生日，而这个蛋糕是母亲单位里发的。同学有点愧疚，自己没有记住母亲的生日。

“没事，没事，我知道你孝顺就行了。来吃蛋糕。”母亲笑笑没有在意。

忽然他想起了最近学会的一点吉他，他说那个时候，大概才学了两个星期。“我最近学了吉他，给你弹弹？”他有点激动。“好啊，好啊。”母亲满脸笑容看着儿子抱来吉他。

“我就学了一首曲子，还就会一段。”他有点不好意思。

“来吧！还得鼓掌献花啊？”母亲开玩笑对他说。

接下来他认真地弹着那学了一段的曲子，接着又弹了一遍。他一直在低头认真地弹着，尽量不出什么错误。弹完第二遍的时候，他抬头，看见母亲微笑着看着自己，眼睛里隐约含着泪水。

就是这一段没有掌声的表演，成为了我这位仁兄“艺术生涯中”最得意的一场演出。我想想，能学一种乐器挺好，特别是能为自己的亲人演奏。

◎爱上生活

遮住门口的标志，上海徐家汇美罗大厦24层的办公区更像是一个大学生的公寓。走廊上贴满了各种涂鸦水笔画，不时有戴耳环的年轻人走来走去，每张桌子上的长毛绒玩具、明星或者女友照片、卡通画，提供无限量的食品的餐饮室和舒适的休息室。办公楼里有宾馆式的房间，里面日常用品、食品一应俱全，员工可以住在楼里一个月不出去也没有问题，当然这不是为了加班准备的。

这就是大名鼎鼎的上海微软，唐骏把它经营得像一个大家庭一样。他是一个热爱生活的人，生活同样很厚待他。唐骏到上海组建新公司的时候，总部要求很高，只允许他带4个外籍经理去，一年之后必须放他们回国，留下唐骏一人撑起这4个人的工作。一年以后4个美国经理都走了，仅留下唐骏一个人，而这一支队伍却扩充到10倍。

如果微软的员工有10个朋友，7个就是在公司。想着每天都有那么多朋友在公司，谁会不高高兴兴来上班。员工们经常一起去歌厅、舞厅、酒吧娱乐。而唐骏他自己每次在公司晚会上都会献上自己的保留曲目《爱如潮水》。唐骏在上海组建了“探索者”篮球队，每逢周末都会进行集训，据说唐骏每次都能到场。而在微软公司各个部门之间都会有球赛，公司和公司之间也会有球赛。每年还举行一次GTET杯足球赛。

微软（中国）公司在唐骏的手上充满了人情味。公司为员工做了很多事务性的事情，比如快递、保安、装订、餐饮、清洗等，都交给

了外面的公司去做，几十家公司“驻扎”在楼里楼外。员工的很多事情都是由公司代劳，公司花钱请服务公司上门服务。

也许我们会羡慕那群享受生活的微软人，更加觉得自己生活在水深火热之中。然而生活并不一定有一个标准模式，享受生活却是一种正确的人生态度。我们可能没有微软员工的那种待遇，却可以有一种享受的态度。

有时候爱上生活只和态度有关，和经济无关。微软的招聘官员曾经说：“从人力资源的角度讲，我们愿意招‘微软人’。他首先是一个非常有激情的人。对公司有激情，对技术有激情，对工作有激情。可能在一个具体的岗位上，你也觉得奇怪，怎么会招这么一个人，他在这个行业涉猎不深，年纪也不大，但是他有激情，和他谈完，你受到感染，愿意给他一个机会。”

爱上生活，生活同样厚待于你。

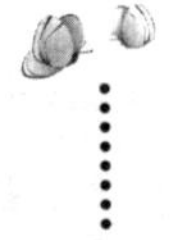

◎懂得工作还要会生活

33岁赚到第一个100万美金；43岁建立一个世界上最庞大的垄断企业一美国标准石油公司；53岁的时候因为莫名的消化系统疾病，头发不断脱落，甚至连睫毛也无法幸免，最后只剩下几根稀疏的眉毛。

他就是石油大王约翰洛克菲勒，他是世界上最富有的人，每周收入高到几万美金，却只靠简单的饮食为生，相比他的高收入，一个星期吃下的食物用不了两块钱。医生只允许他喝酸奶，吃几片苏打饼干。他的皮肤毫无血色，那只是包在骨头上的一层皮。他能用他的钱买最好的医疗，使他不会在53岁的时候就死去，金钱却不能挽回他的健康。

因为忧虑、惊恐、压力及紧张，事实上，他将自己逼到了坟墓的边缘。他全心投入到工作中，永无休止地追求目标，扩张自己的资产和事业。亲近他的人说，约翰取得成功的时候，就会把帽子丢在地板上，然后跳一阵土风舞，这就是他的庆祝方式；而相反，在他生意决策失败的时候，他就会大病一场。

也许是深感成功来自不易，洛克菲勒对生意的精明程度到了不可思议的地步。一次。他运送一批价值4万美元的粮食，保险费需要150美金，当时他觉得保险费太过昂贵就没有购买保险。可是当晚途中发生了飓风，洛克菲勒整夜都在担心货物受损失。第二天一早，当他的合伙人跨进办公室的时候，发现洛克菲勒正在来回踱步，非常焦虑的样子。

“快去看看我们现在还来不来得及投保。”他对进门的合伙人喊到。可等他从保险公司回来，发现洛克菲勒心情更加糟糕，因为他刚刚收到电报，货物已经安全到达，并未受损。于是，洛克菲勒更生气了，因为他们刚刚花了150美元投保。

他的朋友贾德纳也是他生意的合伙人，用2000美元买来了一艘游艇，洛克菲勒不但反对，而且拒绝坐游艇出游。贾德纳发现洛克菲勒周末下午还在公司工作，就邀请他一起出海。没想到洛克菲勒警告他：“你是我见过最奢侈的人，你损害了你在银行的信用，连我的信用也受到了牵连，你这样做，会拖垮我的生意。我绝不会坐你的游艇，我甚至连看都不想看。”朋友没想到会是这样的结果，而洛克菲勒在办公室度过了他的整个下午。

为了财富忘我地工作成为了洛克菲勒的习惯，即使他健康的身体因为工作开始衰退的时候，他还是改变不了自己的忧虑和压力。医生警告他，不退休只有死路一条。出于对死亡的恐惧，他终于退休，开始学习打高尔夫球，从事园艺，乐于与邻居聊天、玩牌，甚至唱歌。洛克菲勒开心了起来，工作的焦虑和压力已经不能再影响他的生活了。

很多时候不用非得失去健康，被医生逼着退休的时候，才知道娱乐在生活中的作用。条件允许，何不享受生活。

◎拥有一颗童心

能拥有赤子之心的人，才能永葆年轻。从进入社会的那时候开始，很多人在社会上打滚了很久，身上多了世故少了天真，脸上的表情变得复杂难以琢磨。虽然人不可貌相，但是相由心生，人的容貌很大程度上是由自己的心境决定的，每个人都应该为自己的长相负责。

人的容貌除了五官之外，气质和神韵才是一个人真正的精神内在的表现，心机狡诈之人绝无可亲的相貌，具有赤子之心的人其容貌一定是清楚明朗的。还有眼睛不会骗人，“眼睛是心灵的窗户”，所以，拥有天真美善之心的人，他的眼睛一定是清澈明亮的。

拥有童稚之心，说起来很简单，实行起来却是不容易，就好像世界上的道理一样，听起来很简单，做起来却十分困难。但是，凡事存乎一心，若能从心开始，复杂就趋向简单，简单趋向清澈。从世故到天真和从天真到世故，其实是一体两面，就像黑夜和白天，只有放下世故复杂的面貌，才能回归天真的本质。

有位作家说：一个人到了30岁，饱受生活的沧桑，就会僵化、苍老了，而佛又是怎么样让自己像一个赤子呢？我们可以不可以在心灵和相貌上保持像儿童一样。他说，有一次读《四十二章经》，好像知悉了佛为什么可以像童子的秘密，佛说：“吾视王侯之位如过隙，视金玉之宝如瓦砾，视纨素之服如敝帛，视大千界如一诃子，视阿褥池水，视方便门如化宝聚，如梦金帛，视佛道如眼前划，视禅定等如须弥柱，视涅磐如昼夕寤，视倒正如六龙舞，视平等为一真地，视兴化

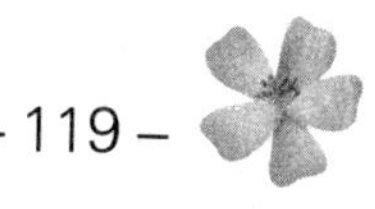

如四时木”。也许就是这种无所得的心正是返老还童的秘方。

因为天真，人生才多点乐趣，让我们做一个永葆赤子心的人，在生活中多一点纯真，少一点俗气。世上的很多事情，是我们把事情想得复杂了，总觉得别人对我们好是另有企图；别人对自己冷淡，又会想是不是自己什么地方得罪了人。

那些心中坦荡的人总能比心机重重的人生活得更快乐。成熟不一定就得世故，多一点童心，生活就多一份快乐。

◎什么是幸福

前一阵子，又听到一位青年科学工作者积劳而死，引发了媒体的讨论。说起健康，我们都知道，身体是革命的本钱，而在实际的工作生活中，我们常常没那么在意，而长期下来，我们发现自己其实最不重视的就是自己的身体。

老国王正在生一场重病，没有一点胃口。他找来身边一位厨子，期望他能为自己做出点美味的食物。国王看到年轻的厨子红光满面，动作敏捷很是羡慕，他们就聊起天来。国王觉得年轻的厨子是很幸福的，因为他年轻健康。厨子不以为然，他觉得国王拥有至高无上的权力和无数的财富，国王才是最幸福的人。“你崇高的地位和巨大的财富，假如我能得到这一切，我愿意用自己的健康去换取。”年轻人说。

国王一听很高兴，正中了他的下怀，他找来巫师，两人在巫师的帮助下交换了财富和健康。

得到王位和财富的年轻人整天过着奢侈的生活，他毫无节制，暴饮暴食，很快各种疾病就让他痛苦不堪。尽管宫中有医术高明的医生，但就是华佗再世，也难以医治好他的疾病，因为他根本已经没有了健康。

而失去了财富的国王却得到了健康，他更加珍惜自己的健康。他凭借自己良好的体力，通过辛苦劳动换来的一点点财富，虽然不能和原先的生活相提并论，但是也过得快快乐乐。没有了以前的种种疾

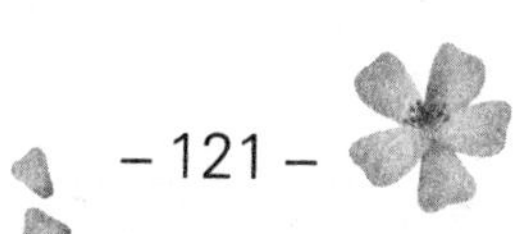

病，即使是粗茶淡饭也比原先的山珍海味来得有滋味。

再过了几年，那位年轻的国王因为百病缠身，不治而亡，而那位重新拥有了健康的国王，凭借自己诚实的劳动和健康的身体，却生活很幸福。

健康是生命的源泉，而健康不单单是身体上的健康，更为重要的是心理上健康。失去了健康，生命就变得暗淡和与悲惨。一个健康的身体和健全的人格，这就是人生最大的财富。拥有着健康的我们并不知道这个简单的道理。我们总是很佩服那些身残志坚的人，但是回头看看健康的自己，却在生活中消耗着自己的健康。

在现实的生活中，一些有作为、有知识、有天赋的人往往被不良的健康状况所羁绊，以至于终其一生壮志未酬。天下最大的失望就是经过最大的努力而没有实现自己的梦想。懂得常常去维持身心的健康。经常保持身心的健康，是事业成功地保障，也是保障工作的重要前提。

什么是幸福？每个人都有自己的答案。别忘了健康也是一种幸福。

◎快乐制造

喜剧大师卓别林对人生和幽默有着独到的见解："人生主要由矛盾和痛苦组成，需要我们用智慧去超越。"

有一个小故事，一个人难以忍受生活中各种的烦恼，决定出家。老和尚给他剃度之前，问他为什么要出家。这个人回答说："为了逃避烦恼，我听别人说，当和尚就要剃度，剃掉了烦恼丝不就没有烦恼了吗？"老和尚一听，马上放下了剃刀说："那你不用出家了，头发剃下去还会长的。"那个人一听就急了，"你是不让我活了，忍心看着我在尘世里受苦。"老和尚说，"如果你每天用心去品味烦恼，即使是当了和尚，一定还是苦不堪言。如果你每天去感受生活，不出家一样可以修成正果。"那个人问："怎么样是感受生活，什么样是品味烦恼呢？""某一天早上，空气清新，阳光明媚，花儿在绽放，鸟儿在歌唱。可就这个时候，一点乌鸦粪正好掉在你的头上，如果你让这点乌鸦粪破坏了美好的心情，和这只乌鸦斤斤计较，甚至破口大骂，这就是品味烦恼，这会毁了你一天乃至一生的生活乐趣。"

感叹生活的艰苦、感叹日子的难过、感叹生活的单调乏味。我们把自己的痛苦放大到不能承受的程度。一个年轻人向上帝抱怨，为什么我这么不幸，为什么别人那么幸福。上帝回答他，只要他能找到一个认为自己生活得很幸福的人，就可以把他们俩的生活给换回来。年轻人找到每一个他认为幸福的人，可是他们都认为自己不够幸福，反而向他大倒苦水。年轻人最后失败了，他没有找到很幸福的人，可是

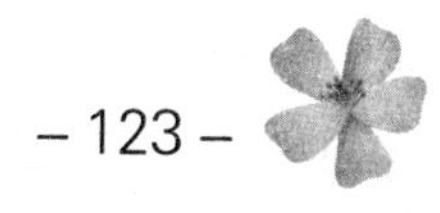

他发现原来自己的生活也不算太糟。

我们很多时候就像那个向上帝发问的年轻人，其实生活中很多快乐是可以由我们自己创造的。物质生活的丰富，没能使我们感到幸福，有时候却给我们带来了更多的烦恼。有一个高级白领，这样向我表述他的痛苦，房子有了，车也有了，但每天经过十几个小时的繁重工作和勾心斗角之后，却没有一点心情去休闲娱乐，也没有空闲和心境能留出来去交一两个知心朋友。痛苦得要死掉了，是他经常挂在嘴上的一句口头禅。此君最后迷上了网上聊天，在一个又一个虚无缥缈的网恋中麻醉着自己的神经。

有一个下岗职工，生活的痛苦来自于永远也攒不下钱。每天出去卖点菜所带来的收入在一日三餐之外，去了日常花销就所剩无几。她的痛苦，也让她在将近40岁就白了头发。

我们被生活中的不如意蒙蔽了快乐的心，快乐其实很简单，只要我们用心生活，一个友好的微笑就会让人心情开朗。简单地，制造快乐，就是对生活中不如意的事情看轻看淡，美好的东西就会映入眼帘，快乐也会随之而来。

◎运动缓解压力

面对一天的劳累，最大的休闲莫过于轻松休息一番，很多人选择大睡一觉，让疲惫的心和身体得到放松。但是经验告诉我们，这样的方式有时候并不有效，长时间的休息让我们的身心备感疲惫。

身体上的疲惫可以通过休息得到缓解，而心理上的疲惫引起的烦恼却让我们很难得到真正意义上的休闲。然而适当的身体上的疲劳却让我们心理上得到休息，这就是运动休闲的作用。不妨在感觉身心疲惫的时候，去运动一下，让汗水冲洗自己烦恼的心，可能心情因此变得轻松愉快。

专家认为，运动能缓解压力，让人保持良性的、平和的心态。当运动达到一定量时，身体产生的腓肽效应，能愉悦神经。腓肽是身体的一种激素，被称作“快乐因子”。腓肽效应让人感觉到高兴和满足，甚至可以把压力和不愉快都带走。此外，专家建议，有时候换一个运动环境，可能对缓解压力起到意想不到的效果。如经常在室内运动的人，到户外去爬山，到小树林里去跑步，会感觉轻松愉快。运动前可以尝试一下心理调节，也有利于运动中更好地释放压力。在安静的地方，闭目养神几分钟，做几次深呼吸；或对着镜子看看自己，说一句鼓励自己的话，让精神振奋起来；或听一曲喜欢的音乐，转移注意力，以达到最好的放松、减压的效果。

此外，适当的运动锻炼，有利于消除疲劳，使学习和工作更有成效。整天伏案苦读苦干，单调而枯燥。长时间单调刺激易引起生理、

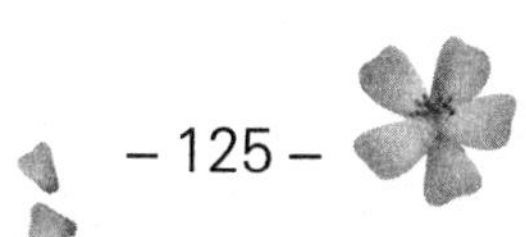

心理疲劳，而运动能使刺激强度得到变换，起到改善、调节脑功能的重要作用。要充分发挥大脑潜能，必须合理地安排活动，不使某一半球或某一功能区由于反复单调刺激而疲劳，要动静协调、张弛有度，才能有助于提高大脑皮层的分析综合能力。

凡事都要注意度，如果带着太大的压力和不良情绪去锻炼，在锻炼中思绪杂乱，注意力不集中，将影响锻炼的效果。有人刻意从事一些激烈的、运动量大的运动项目，认为出一身大汗，压力和不良情绪就会全部释放出来。有专家指出，这种激烈且大运动量的锻炼往往造成身体疲劳，加上原来紧张的精神，压力不但排解不了，情绪反而会更坏。

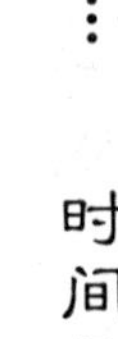

◎至少远足一次

刘强是个标准的工薪阶层，每天都是朝九晚五循规蹈矩地工作和生活。这样的生活没有什么可以称道的地方，但是刘强一直坚持了一个习惯，就是在一年工作之余，把难得的休假花在“远足”的过程中。他就像古代游行的僧人一般，保持着那种闲情逸致。认识的朋友劝他，为什么好不容易有个休假，却不在家好好睡上几天。刘强笑而不答。

秋天一到，刘强又准备一次远足，同在一个公司的李冰，刚刚从公司辞职，心情苦闷，决定和刘强一同远足，体验一下刘强描绘的不一样的感受。当天晚上，按照刘强交给他的清单收拾好了行装。第二天一早他们就启程出发了。他们脱掉了呆板的西装换上了轻便的休闲服。并不需要一开始就远足，他们开车离开了这个城市，刘强说这个城市的东西已经看够了，没有步行的必要。

他们的车远离市区，从满地枫叶的小道中行驶而过，虽然离居住的城市并不远，但是李冰才发现竟然还有一片枫树林。刘强减慢了车速，看着枫叶如零落的飞雪般飘落在地上，两个人的心里都出奇地安静平和。驶出了美丽的枫叶林，而这个时候，李冰发现了从未发现的美丽。

将近日落的时候，他们终于来到了一个小镇上，这个小镇从来没有听过，在一个小旅馆住下以后，李冰询问此行的目的地，刘强站在落日中用手遥指远方的一个山头。李冰暗中一惊，山看起来就很高，爬上去一定是一件艰难的事情。休息了一晚上之后，刘强早早将李冰

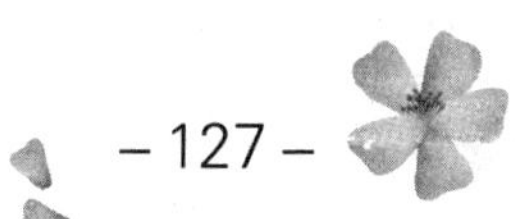

叫醒，开始了远足。走在乡间的小道上，道路两旁的成熟水稻，在风中就如同金色的海浪一般汹涌澎湃。田间偶尔有几个农民正在忙碌地收割农作物，在金色的稻海中就如同小舟一般。看着眼前的这些景致，对于刘强可能已经习以为常了，而对于李冰绝对是一种新的人生体验。他戴上耳机边走边听着音乐，时间就在这种快乐的气氛中慢慢溜走。

午后，来到山脚下，他们开始在曲折而难行的小路上艰难地向山上走去，没过多久，李冰觉得气喘吁吁，但看看远方的山顶，好像还有一段很长的路要走。李冰摘下耳机，听着刘强讲述关于这座山的各种故事和传说，很难想象这么一座山能有如此多的故事和传说。再后来话题延伸得很远，他们兴高采烈地说着过去，肆无忌惮地畅想着未来。意犹未尽的时候，他们已经来到了山顶。

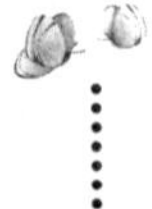

晚上他们在山顶上露营，在篝火旁探讨着未来的计划，这次旅行让李冰有了很多新的想法。感到累得时候，就躺在地上看着天空的星星，没有工作负担，也没有生活的压力。此时李冰什么都不想，这种感觉真的是一种前所未有的体验。清新的晚风拂过脸庞的感觉，竟然如此惬意。

直到回到家中，李冰一直没有问刘强为什么如此热爱远足，因为他自己已经深深爱上了这种活动。

每天在城市的忙碌中行色匆匆，过着循规蹈矩的生活。闲暇的时候，远足一个未曾去过的地方，投入大自然的怀抱，呼吸新鲜空气，感受常常在电视和杂志中才能看见的美景。和朋友、和爱人在一起，那种快乐可以将困难和疲惫一扫而空。至少远足一次，会有很多新的体验，人生也许将因此而变得更加快乐。

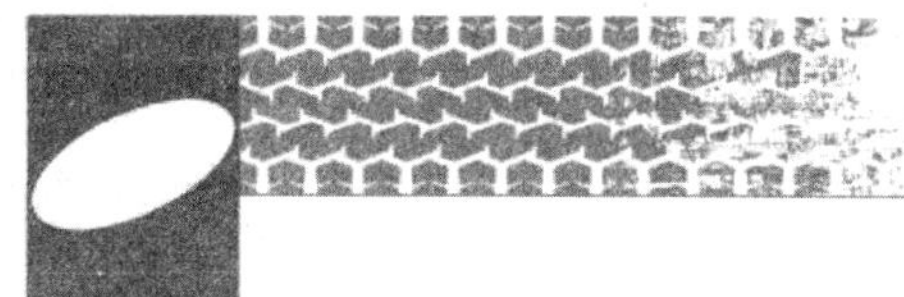

第六章

时间是爱人：塑造生命的动人乐章

◎爱的力量

在医学院上学的同学小丽和我说了一个这样的故事：她们用成年小白鼠做某种药物的毒性试验。在一群小白鼠当中，一只腿上因为有一个小肿块而被淘汰出了试验。我这位同学因为好奇，就把这只小白鼠放在了一个塑料盒里，单独饲养。

时间一天天过去，腿上的那个肿块变得越来越大，小白鼠的腹部也逐渐大了起来，活动显得很吃力，这是肿瘤转移产生腹水的结果。

有一天，小白鼠忽然变得反常，它不吃不喝，焦躁不安起来。小白鼠可能意识到自己的生命已经快到了尽头，小丽就找来了手术刀，准备解剖这个小白鼠，取下那些新鲜的肿块组织进行培养观察。正当打开手术包，准备动手的时候，接下来的一幕，把她完全惊呆了。

小白鼠艰难地转过头，死死咬住已有拇指那么大的肿块，猛地一扯，皮肤裂开了一条口子，鲜血一下子涌了出来。小白鼠疼得全身颤抖。接下来，它一口一口地咬下那个即将要夺取它生命的肿块，每咬一口，都伴随着身体的痉挛。就这样，一整块肿块就被吞食了下去。小丽被小白鼠这种渴望生命和祈求生存下去的勇气深深感动，她决定没有理由结束小白鼠的生命。

第二天早上，她匆匆来到小白鼠的面前，看看它是不是还活着，让小丽吃惊的是，自残的小白鼠身下，居然卧着一堆粉色红色的小老鼠，正拼命地吸着母亲的乳汁，数一数，整整10只。小白鼠的伤口停止了流血，左前肢腋部由于咬掉了肿块，白骨外露，在鲜红的伤口中

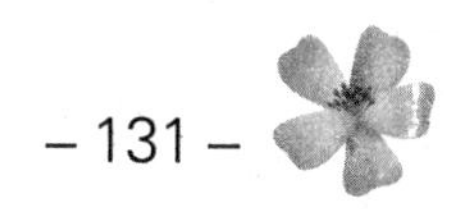

显得特别惨。不过小白鼠的精神却比前两天要好了一点，慢慢也能活动几下。

肿瘤没有就此痊愈，而是继续折磨着成为了母亲的小白鼠。小丽很担心小白鼠什么时候就会忽然死去，而那10只小白鼠的生命也就一同消失了。它们会因为母亲的死亡而被饿死。小丽每天都会在这群小白鼠边上观察上一阵子。

原来的伤口还没有痊愈，小白鼠的肿瘤却又慢慢变大。看着10只一点点长大的小白鼠，看着一天天消瘦的母鼠，死亡距离他们都是那么近。这一次成为母亲的小白鼠没有咬点继续长大的肿块，也许她知道她的生命已经不能再经历这样一次“治疗”了。小丽知道母老鼠可能随时都会死去。

这一天终于来到了。在生下老鼠仔21天后的早上，小丽再次来到塑料盒子旁边，发现小白鼠已经僵硬了，一动不动，10只仔鼠围满四周，小白鼠的离乳期是21天。也就是说，从今天起，仔鼠就不需要母鼠的乳汁，可以独立生活了。

听完小丽的这个故事，总忘记不了小白鼠咬自己腿的那一幕。母爱可以伟大到伤害自己生命的程度，动物如此，更何况人呢？

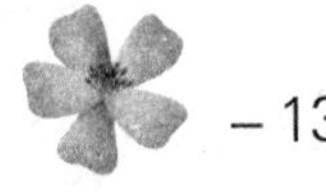

◎看不见的爱

夏天的傍晚，天色不错。我走出家门去附近的一片空地上散散步。在那一大片空地上，看见一个小男孩和一位妇女，应该是一对母子。那个男孩子正在用一只做工粗糙的弹弓打一只立在地上，距离他七八米远的玻璃瓶。

我于是站在不远处看着他们，小孩子认真地一次次瞄准，可是每次都是忽高忽低。看小男孩的个头已经不算小了，我没想到他打得这么没有水准。那位母亲坐蹲在孩子边上，从一堆石子中捡出一颗，轻轻地递到孩子的手中，安详地微笑着。那孩子便把石子放在皮套里，打出去，再取过一颗。

我看了一会，有点按捺不住，打了半天一颗也没有打中。可是他孩子还是在很认真地打，母亲也没有说什么。我走上前去，微笑着对那母亲说："让我教他怎么打准？"男孩听到了有陌生人的声音，停住了手上的弹弓，但还是看着瓶子的那个方向。

"谢谢你，不用了。"她停顿了一会，手指了指她自己的眼睛，示意我她的孩子看不见。

我愣了一下，喃喃地说"噢，他喜欢玩这个？"

"别的孩子都这么玩，他也想。"

"他，怎么能打得中啊？"话一出，忽然觉得自己有点唐突无礼。

"他行的，我一直对他这么说。是吧，小宝？"他对孩子满怀深

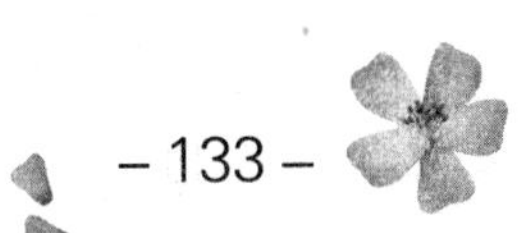

情地问道。

孩子没有出声，用力点了点头。拿起弹弓继续瞄准。看着他打的石子远远飞出，母亲还是什么也没有说，还是安详地捡起地上的石子，递给他的孩子。小男孩的频率已经没有了原先那么快了，很明显是累了。

我慢慢地发现，这个孩子打得很有规律，他打一弹，向一边移动一点。打一弹，再转一点。然后慢慢地移回来，他只知道大致的方向。而母亲没有给他任何的提示。我有点看不下去了，我想他这个样子今天是怎么也不会打中了。

夏风阵阵袭来，天色也渐渐地黑了下来，我得赶紧回家了，不然什么也看不见就得摔跤了。那由皮筋发出的“啪啪”声和石子崩在地上的“砰砰”声在单调地重复着。我想对于这个孩子来说，白天和黑夜没有什么区别。

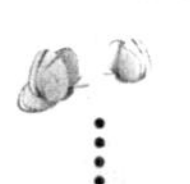

我向他们道别：“回去吧，天都黑了，今天是打不中了。”

“可以的。”母亲还是微笑而平静地回答。

我说了声再见转身就离开了。走出不远，身后传来一声清脆的瓶子的脆裂声。接着传来一阵阵欢呼的声音。我想这孩子挺幸福的，那一声瓶子的脆裂声将被永远的记忆，母亲的爱会被永远记忆。

◎父爱如山

幼年的时候，我觉得父亲是个英雄，天塌下来也有父亲高大的身躯顶着；

少年的时候，我知道了父亲也有不懂的地方，而且父亲老是忘记答应买给我的新自行车；

青年的时候，我觉得父亲什么都不懂，自己的个头已经比父亲还要高了；

中年的时候，才发现老父亲说的很多话是对的，当初怎么就没有听他的意见，这时候自己也成为了父亲；

老年的时候，发现年轻的孩子不听自己的话，而那些话好像是老父亲以前对我说过的，这时老父亲已经不在了......

我想讲一个关于大鱼父亲的故事：父亲从小就给孩子们讲述他的故事，他在年轻的时候收到过一条大鱼的礼物，随后又在旅途中结识了一位老巫婆，以及一个外表凶悍却内心善良的巨人。在一个如世外桃源般的地方“幽灵城”小住，还为一名人狼身份的马戏团老板当过打工仔。参加过朝鲜战争，不仅全身而退还顺便欣赏了连体姐妹的演唱会。

孩子们听得认真极了，他们一直以为父亲是一个伟大又神奇的英雄。父亲奇幻的历险生活比任何一部童话都要精彩。儿子甚至在同伴中炫耀他神奇的父亲，当别的孩子有所怀疑的时候，儿子就像受了侮辱，用自己的拳头去捍卫自己的父亲的故事。

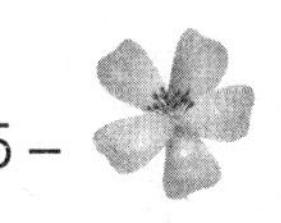

在父亲的童话下，孩子们幸福地成长着。当孩子们慢慢地长大，长大的孩子开始对父亲的故事的真实性产生了怀疑，他认为当年耻笑自己的同伴是对的。面对一次又一次重复讲述的故事，长大的孩子开始觉得父亲只不过是一个喜欢吹牛胡说的老头子。

成人的儿子开始对父亲的吹嘘产生了厌恶，他对父亲不厌其烦的吹嘘厌恶极了，甚至不再同父亲讲话。他觉得父亲就像个傻瓜沉醉在自己编织的故事里不能自拔。

父亲年纪大了，在病床上奄奄一息，面对固执的父亲，儿子忽然为自己的行为感到羞愧。他想起了自己年幼的时候，因为父亲神奇的童话而让自己的童年充满了色彩。他决定要在父亲这些最后的日子里为父亲童话的一生编织一个美丽的结尾。他为身躺病榻、连做梦的力气都没有了的老父亲续补上故事最后的一章，老父亲在圆满的人生结局里幸福地合上双眼。

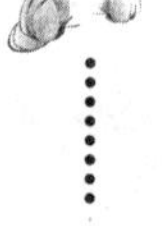

朱自清先生的《背影》不知道感动了多少人，父爱是羞于表达的，疏于张扬的，却巍峨持重，所以父爱如山。

◎看台上的父亲

对于年轻的菲尔来说，清晨从沉睡中醒来，然后逼迫自己离开温暖的被窝，是完全值得的。菲尔套上厚厚的毛衣，以抵御黎明前的彻骨严寒，此时，他知道父亲已经起床等他，很快，父子俩就会沿着黑暗而空旷的公路，驱车前往冰场，开始菲尔每天上学前例行的冰球训练。

菲尔喜欢和其他男孩一起玩冰球，滑行的速度，冰刀与冰面摩擦的声音，冰球入网的一霎那都给他带来无法形容的快感。他的父亲在现场陪伴着他，目睹他每天的进步，菲尔觉得自己幸福无比。

可有一天，倒霉的事情发生了。在与对手拼抢的过程中，菲尔的球杆忽然断裂。眼见折断的半根球杆飞过冰面，击中护栏，菲尔目瞪口呆。他滑过去捡起断杆，意识到自己遇到了大问题。

他沮丧极了。面对坐在看台上对自己寄予厚望的父亲，他内心感到非常惭愧，他甚至不敢抬头看那时候父亲失望的表情。他收拾好冰鞋，垂头丧气地走向场外父亲的汽车。父亲进车的时候，一言不发，只是伸手从裤兜里掏出3美元，塞给儿子，说："买一根新球杆吧。"

菲尔不敢相信自己的耳朵，他知道，买一根新球杆相当于父亲在钢铁工厂一天的工资，他幡然醒悟，父亲没有生气，更没有责怪自己，也没有失望，为了让儿子打好冰球，他愿付出一切代价。菲尔意识到，父亲期望他做他喜欢的事，在比赛中获胜。

这一切后来如愿以偿了，1971年，他创造了美国冰球联合会

（NHL）的进球纪录，这个纪录直到1982年才被人打破，菲尔作为球队的队长，率领全队于1970年和1972年两度获得斯坦利杯。他还前后效力于多家球队。很多年后，菲尔入选了NHL荣誉榜，他把自己的成功归结于他的父亲。他父亲发现了他的才能，并竭力培养他，才有了后来的硕果。

菲尔在接受记者采访的时候说，父亲是他最大的支持者，每次比赛他都到场。在4岁那年，父亲在后院修了个小冰场，然后让菲尔和弟弟穿上冰鞋，学打冰球。父亲为菲尔做了无数的牺牲，他场场不落，他很少说话，如果菲尔进了2个球，父亲会说：“干得好！”可他又会说；“你打得不错，但你应该能进4个球的。”

如果没有父亲的支持，菲尔不会有他辉煌的成就。在每场比赛的时候，看台上这位球迷永远是支持着菲尔的，不管他打得好或者倒霉的时候。父亲这种默默无闻的支持，鼓舞着菲尔不断努力。我们和菲尔一样，都在自己的“赛场”上进行拼搏，别忘记看台上永远有个人会支持着我们。

◎爱没有等级

有人说，爱情就是当你知道了他并不是你所崇拜的人，而且明白他还是存在着种种缺点，却仍然选择了他。有人说，爱人之间维持着乐观豁达而又理智执著的感情才能和谐相处，爱人之间最为重要的就是宽容。有人说，自你一出生，就有一份天定的缘分为你而生。

茫茫星空之下，当你孤独一个人抬头看见天上的一颗星星的时候，在远方也会有一个人一样孤单地看着那颗星星。现代的人总不能固守这份感情，在很多人眼睛里，爱情是脆弱而虚无缥缈的，但是却还是在心底抱着美丽纯洁的幻想。在实现中，也许一次一次让自己失望，自己心目中那个完美的想象始终不会出现，也许有人放弃了，也许有人把它继续放在心底最隐蔽而脆弱的地方。总之，生活还在继续。

就像美丽的初恋，我们心中可能会有这样一个人，他在你心目中是绝对完美的，没有一丝丝缺憾，你敬畏他却也渴望亲近他，这样的感觉还是“爱情”吗？我倒觉得它是崇拜更加合适。一个偶像就像是图腾之类神圣不可亵渎，你只会远远地欣赏他，爱情却是真真切切，能够用手去触摸，用心去体会。在生活的点点滴滴之中慢慢地体味幸福。

大学毕业的晚会上，一位公认的“大众情人”拉着一位毫不起眼个子矮小的同学来参加。大家都很惊讶，在背后指指点点，都觉得不可思议。她拒绝了那么多优秀男生的苦苦追求，而选择了眼前这个貌

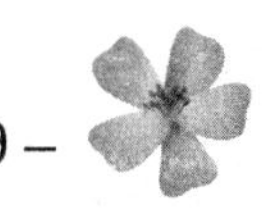

不惊人的男孩子，大家都觉得他们并不合适。

而在众人渐渐遗忘他们，忙于各自工作的时候，忽然收到了一个张红色的请柬。他们就要结婚了。又一次出乎了同学们的意料，他们竟然在众人怀疑的目光下披上婚纱走进了“围城”。多年以后，当她的同学们都失望于自己幻想破灭之时，同学聚会中才发现，这位女孩并没有如他们原先那样，被困在一个庸碌无为的圈子里，憔悴不堪。而相反她依然光彩照人，比以前倒多了一份成熟和深刻。他们就像多年前第一次出现在大家面前一样，拉着彼此的手向众人走来。

她告诉她的同学，他的丈夫并不优秀，有着很多缺点，但这些她在还没有接受他的时候就已经知道了，而她愿意把自己的感情托付给这个在她遇到挫折的时候默默帮助她，在她失意的时候热情鼓励她，并从不索取任何回报的男人。

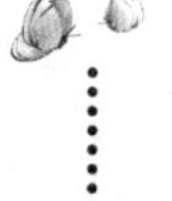

一对沧桑历尽的老人正手牵着手在我身边慢慢走过，忽然发现这夕阳的余辉如此迷人。

没有一个人是完美的，你不是最好的，但我只爱你。

◎爱，需要主动

读小学的时候，他是大队长，她是隔壁班的中队长。他是个英俊少年，高高的个头，白皙的脸，挺拔的鼻梁，大家都爱叫他“外国人”。而她是并不起眼，小小的个子，黝黑的皮肤，小小的眼睛，大家就叫她“丑小鸭”。学校每次考完试公布成绩，他们俩都是名列前茅，不是他第一，就是她第一。他们在心里牢牢记住了彼此的名字，但是直到中学毕业他们没有说过一句话。每当他的身影出现在她的教室门口时，她总感觉他那双会说话的人眼睛向她投来深深的一瞥。有一次，当她情不自禁地向站在教室门口的他望过去的时候，他正注视着她，眼神接触的那一瞬间，她发现了他的笑容是如此灿烂无邪，那个友好而纯真的微笑深深打动了这个姑娘。

中学毕业，他和她都考上了离家不远的同一所大学。他在计算机系，他在中文系。在图书馆和食堂总会不期而遇，他毅然向她投来亲切而迷人的微笑，她则有点腼腆地向他点头。他没有问她住在哪幢宿舍楼，她也不知道他学什么专业。可是他们心里都期待着每天能在校园里邂逅，等待着对方主动和自己攀谈。每次走过篮球场边，她都不由自主地放慢脚步，去寻找他那矫健的身影，而他，却常常出现在中文系的阅览室，心不在焉地翻阅一些过期的杂志。

一次学校晚会上，他和她擦肩而过，他英俊潇洒的风度赢得了不少女生的青睐；她优雅清新的装扮成为舞会的焦点。每一只舞曲刚刚开始，就有男生抢先邀请她。他只能静静地、默默地在远处看着她。

她期待着他走向她，邀她翩翩起舞，他则静静等待着她和一个个舞伴跳至曲终。

他写过一封又长又深情的信，决意和她再次相遇的时候塞给她，但他终于没有勇气做出如此唐突的举动。她的日记中也不止一次地记载着和他相遇时候的紧张和激动。他们没有更进一步，只是依旧保持着似曾相识却又陌生的距离。

大学毕业，他们还是同在一个城市，他有了美丽的女朋友，而她也接受了优秀男生的追求。可是没过多久他又单身了，像约好了一样她也过着独身的生活。同学知道了这一对人的情况感觉不可思议，就决定帮助他们捅破这层隔膜。在新的一年刚刚开始的时候，他和她都收到了一样的贺卡，上面写着同样的话：我喜欢默默被你注视，喜欢默默注视你；我渴望深深地被人爱着，也渴望深深地爱着你。

当他们在一起的时候，他们知道了爱的艺术：爱的本质是主动给予，而不是被动接受。

◎爱，是默默的付出

我在医院住了一段时间，发现人在生病的时候，更容易生气发火，一方面可能是因为生病心情本来就不好，另外可能是用这样的方式引起别人的注意，告诉别人自己更需要关心和帮助。

13号床的老头子又在骂他的妻子了。那老头子从知道了自己的病不能医治以后，就变得脾气暴躁。在检查结果还没有出来以前，还乐呵呵地和我讨论股票行情。那才是一个星期以前的事情，现在好像完全变了一个人一样。我也不知道该怎么去劝他，谁遇到这样的事情都会难过，他也有发火的权力，对一个得了绝症的人你还能要求什么呢？

可是他老对她的妻子发火，到了近乎不通人情的地步。他的老伴从他住院的那一天开始，就一直陪在他的身边，对他照顾有加。而一个星期以前，他们绝对是病房里的模范夫妻。

这一次又是无中生有，我知道他是在发泄自己心中的郁闷，但是他这样对老伴的态度让人着实有点接受不了。而他老伴总是默默的，没有解释一句，任由老头子愤怒地咆哮。

我看见她站在病房门口，那双疲惫的眼睛中闪着一丝老泪。我看着这个年纪和我母亲相近的老人，疲惫的双肩无力地斜垂着。我想过去安慰安慰她，也许是我现在能做的事情。

“您不要太难过，他是因为生病，心理不痛快，我有时也发脾气，你不要怪他。”

“不会的，谢谢您，你不了解他，他是怕我日后想起他心里难过，才故意这么做的，他是个好人。”

语气很平静，平静里却带着无奈和凄凉。我完全没有想到，那时候，不知道说什么。愣在了病房门口。面对着一对老夫妻，我感到羞愧，因为自己的肤浅。

我知道了他们相濡以沫、相伴一生的感情是我这个年轻人无法度量和猜测的。我总以为现实中的酸甜苦辣，可以将虚无缥缈的浪漫爱情完全粉碎。那时候，我知道我错了，最深刻的感情能将自己隐藏的很深，而对方却能感知，并为这份藏着的感情默默付出。

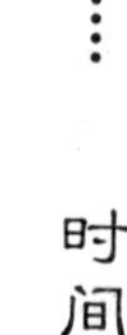

◎感恩的心

一只毛毛虫怎么才能通过没有桥的河流？谜底就是化蝶，只有变成漂亮的蝴蝶才能渡过难关。

临床的小桌前，小丽坐定了好久，外面的阳光正昏昏欲睡的模样。18岁的她第一次面临着人生的抉择，又以一分之差未能进入梦想的大学，她怀疑是不是命中注定自己要这样被戏弄。

一杯水已经变得温热，渐渐的，一份执拗的坚决占据了她18岁的心灵，她告诉自己一定要再试 ·次，第三年，那一个晚上，她把自己的决定告诉了母亲，母亲没有说什么，很难想象母亲那种矛盾的心情，她既心疼挫折中的女儿，又得支持她继续为了自己的梦想奋斗。母亲久久望着女儿，我想，她必然洞察了一切。

18岁，人生一个美丽多梦的一段，就是为了那个高高大大的男生兴高彩烈地拿到了县城某大学的录取通知书，小丽一而再，再而三地考学。

18岁，为了梦想考学的岁月也是寂寞的岁月，小丽紧关门窗，外边缤纷的世界和她绝缘，自己绘制的图表挂满了一面墙，习题纸已经用掉了厚厚的好几叠。在那一年没有了四季，没有了音乐，愿望被深深埋藏在心底，小丽只是一味地读书、复习。

这样忘记所有只有目标的日子过得并不轻松，小丽时常会做恶梦，梦见自己还是差了一分上不了大学。每次在几乎不能坚持，自己快要崩溃的时候，小丽就会想起那个高高大大的男生。就是这个美丽

的梦想支持着小丽走过了那段只有复习题的岁月。

7月9号，高考最后的一天，也是很多考生彻底解放的一天，小丽从考场中走出来，天正下着雨。蒙蒙雨雾里面，母亲正撑着一把伞在考场的门口等着她出来。看到女儿脸上很轻松，母亲也高兴了起来。天下着小小的雨，让母女俩心里感觉格外滋润。

母亲笑着轻声地对小丽说："你知道毛毛虫怎么能通过没有桥梁的河流吗？"

"我不知道。妈，你说谜底。"小丽觉得自己小时候就是这样幸福。

"长成蝴蝶。"

夏日的小雨，点滴打在人的脸上，不轻也不重，让本来紧张考试的小丽一下放松了下来。母亲看到小丽的眼眶里湿热的泪。

一年后，当小丽在大学校园里见到那个高高大大的男生以及他臂弯里的美丽女孩子的时候，她一笑而过。她才知道了曾经在心里的美丽梦想是多么的幼稚。然而，她知道如果没有那个幼稚而美丽的梦想，自己该怎么才能捱过那段艰苦的复习生活。

小丽常常怀着感恩地心情怀念那段生命历程，还有那个美丽的爱情幻想，在频频招手引诱着她坚定地想过河。

◎爱是一门功课

爱是一个永恒的话题，爱真的是让人“爱之欲生，恨之恶其死”吗？一个不懂得爱的真谛的人，没有资格去爱他人。

那天看到小报上报道，在工研院技术服务中心服务的副研究员李先生，因追求女同事被拒绝，而由爱生恨买来水银投入饮水机的热水槽里，使得该中心的50多名员工喝下有毒的水。李先生是一流学府的高材生，但是对爱情的处理方式却显得幼稚可笑。这种类似小说情节的故事发生不止一次。

某大学校园发生过一个研究生因为女朋友移情别恋，而在水中下毒的事情，甚至有报道用火烧死女友的事情。而这些人都是具有高学历，受过良好教育的人。他们做出这些荒诞而又令人发指的行为，不得不让我们反思教育的缺失。

在升学主洪流中，学子们都以考上一流学府为自己的奋斗目标，学校的教育也以考上一流学府为目标，以升学为职责，美术、体育、音乐能免则免，一切为考学做准备。学校以学生的成绩为品形的标准，似乎学生品行好和功课好画上了等号。在学校里。老师没有教我们怎么和异性相处，而男女同学在考上大学以前谈恋爱被视为洪水猛兽。

在学校和家庭教育中，爱的功课严重缺失，有很多人都为爱而受苦，在成长的过程，没有人可以指导我们如何去“爱”，指导我们如何“被爱”。爱与被爱都是一门生活的艺术，我们的社会有能力去培

养一流的人才，却没有好的心灵教育以及心理辅导课程。高学历的人才犯下的错误如果说是个案，而这样的犯罪趋势如果正在增高的话，问题就应该让我们注意。

我们大多数人对爱情的反应能力以及对爱情的应对方法是爱的功课的主要内容，这也是我们整个社会以及教育的失败，爱情本来就是一生中需要学习的一课，要学习如何去爱，学习如何更好地被爱，成为了这堂课上的功课，爱情的功课值得我们深思和反省。

◎爱有时是种伤害

在一个村子的南边，走两里路，有一个湖，当地人叫它天鹅湖。湖中有一个小岛，岛上住着一位老渔夫和他的老伴。平时，老渔夫摇着船出去捕鱼，妻子则在岛上养鸡喂鸭，除了买些油盐，平时他们很少与外界来往。

有一年秋天，一群天鹅来到岛上，它们是从遥远的北方飞来，准备去南方过冬。美丽的天鹅让这对老夫妻高兴坏了，他们拿出喂鸡鸭的饲料和老渔夫打来的小鱼招待远方来的客人。起先天鹅很小心，老渔夫一靠近，它们就受了惊吓飞开了。老渔夫就把吃的东西放在一边，自己远远地看着。过了一些日子，天鹅就跟这对热情的老夫妇熟悉了起来，老渔夫甚至可以和天鹅靠得很近，彼此之间的信任就这样随着时间流逝而产生了。在岛上天鹅们开始大摇大摆地走来走去，而且在老渔夫捕鱼的时候，它们随船而行，嬉戏左右，等着老渔夫扔在船头的小鱼。

寒冷的冬天来临了，这群美丽的天鹅竟然没有继续南飞，他们白天在湖面上寻找食物，晚上就在这个安静的岛上栖息，一切都在平静中过去。天气越来越冷，湖面都结冰了，天鹅们没有办法找到食物，可是漫长的冬天才刚刚开始。

老夫妇为天鹅没有离开而感觉开心，可是他们也知道天鹅在这里是过不了冬的，必须想出办法来帮助她们。老夫妇决定敞开他们的茅屋让天鹅进屋子里来取暖，于是他们那个冬天一直把茅屋的门敞开着

迎接美丽的天鹅。老夫妇还把自己储备的粮食喂给躲在自己茅屋里的天鹅。

冬天终于过去了，老夫妇一直照顾着那些美丽的天鹅。可是还是有一些天鹅在那个冬天里饿死或者冻死了。大地回春，湖面解冻，天鹅们又开始在湖面上嬉戏。日复一日，年复一年，每年冬天，这对老夫妇都这样奉献着他们的爱心。这一年，老夫妇年纪大了，决定放弃长年在岛上的生活，离开了小岛。

天鹅也随着老人的离去而消失了，不过他们不是飞去南方，而是在第二年湖面冰封的时候全都给饿死。有人说是那对老夫妇害死那群美丽的天鹅，也有人赞美那对老夫妇无私的爱。在这个世界上，人人都赞美无私的爱，可是有时爱也可以成为一种致命的伤害。爱也要有个度，超过了这个度，爱就可以伤人，甚至可以杀人。

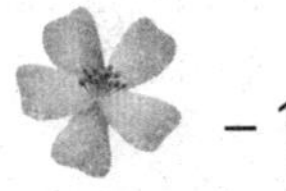

◎爱是源自内心的能量

传说上帝在6天当中，创造了天地和其中的万物之后，在第7天休息。等上帝休息够了之后，他想了解所造的天地之中至善至美的境界，遂派遣天使飞去人间，带回来一样最美好的东西。

天使来地球，发现一株绽放在晨曦中盛开的百合，露珠在它皎洁无暇的花瓣上，晶莹剔透地滚动着，百合更透着尊贵与娇艳的自信，天使认为那是最美的，便取下放在怀中。

走了没有多远，在树下看见一个白胖的婴孩，脸上露出至真至纯的欣喜笑容，好奇地玩着自己的小手，满足快乐、幸福洋溢的表情，在天使看来他是美好的，胜过了原先的鲜花，他便将婴儿抱在怀里。

再走了一段路，天使看见了马路旁边一个小孩为了捡滚入马路的皮球，跑到了马路中间。一辆卡车疾驰而来，眼看着车就要碾过还在路中间的孩子，突然冲出一个妇女，以最快的速度扑向捡球的小孩，及时将小孩推离了卡车的巨轮之下，但这位救了自己孩子的母亲，却来不及逃开，竟被碾死在轮下。为了救孩子而甘愿舍身的母爱灵魂，天使也认为是美好的，便带走了这位母亲的灵魂。收集了三样美好的事物，天使觉得可以回到天上复命了。

回到上帝的面前，天使首先取出第一件美好的事物，那就是纯洁美丽的百合花，但是因为离开了生长的土壤，经过长时间的旅程，花瓣上原本晶莹露水已然干涸，百合已经枯萎了，洁白的花瓣变得枯黄，不再美好。

上帝有点失望，天使急忙取出第二件美好的东西，满足快乐的婴孩呈现在上帝的眼前。孩子离开了母亲，见了生人害怕了起来。脸上的笑容不复存在，也不再为自己的小手感到好奇。因为饥饿他嚎啕大哭，幸福洋溢的神情已经不复存在。

尴尬的天使无奈地取出第三样事物，为孩子牺牲的母亲的灵魂，上帝走下宝座，为这个美丽的灵魂赞美，天堂乐声四起，光明的天堂里，天使们高声唱歌。上帝满心欢喜地怜悯这位母亲的灵魂，并嘉许天使找到了最完美纯洁的人间事物。

爱是源自内心的无尽能量，每个人与生俱来便拥有。热爱我们的家人、上司、下属、客户，因为我们已能看到他们可爱的一面，当我们真正学会如何去热爱别人时，成功已离我们不远了。

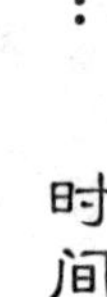

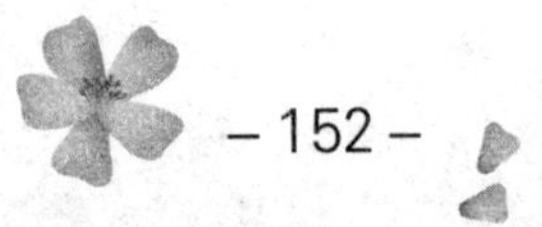

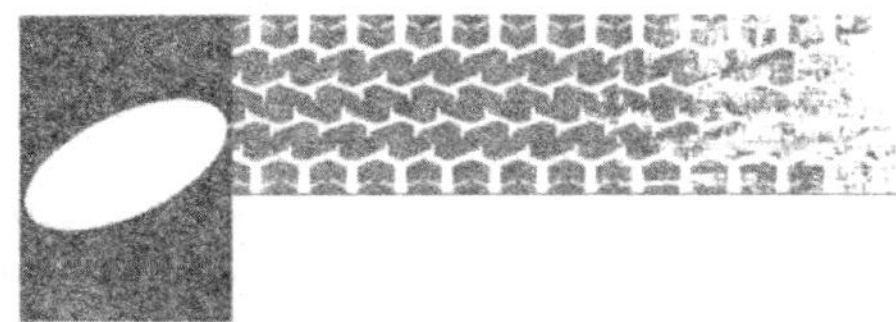

第七章

时间是去笑：用笑容解除烦恼

◎笑的力量

科学研究表明，笑对人的身体有诸多好处：

一是促进大脑内腓呔的分泌，让身体放松，起到愉悦和镇痛的效果。

二是笑有助于扩张血管，经常开怀大笑，有助于人体预防心脏病和中风的发生。与此相反，情绪低落，特别是压抑和紧张将让人体更容易生病或者不易康复。

三是可以把平常的胸部呼吸变成腹部呼吸。因为笑是从腹部发出来的声音，而腹部呼吸比平常的呼吸效率可以提高 倍，从而实现体内节能，减少体内能量的消耗。

四是笑的时候大脑是空白的，人在开怀大笑时会忘记一切，大脑空白能够产生动态冥想的作用，从而使大脑中枢神经得到调节和保健。

五是笑是横隔肌的运动，能对内脏起到体内按摩的作用，使消化系统、排毒系统等保持正常的功能。

六是能调节自律神经，从而达到治疗失眠的作用。

七是笑可以提高人体的免疫能力。

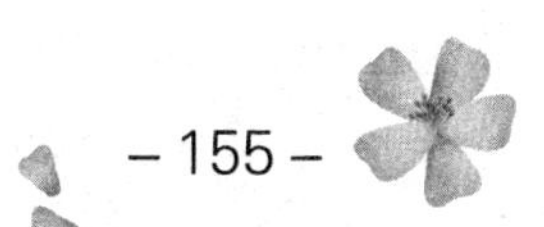

◎笑也是一种艺术

在人际交往的过程中，笑能带来许多意想不到的效果。笑，能使人变得善良友好；笑，让人觉得喜庆吉祥；笑，让人感到喜气自然；笑，表明你心胸坦荡。当你坦诚地笑的时候，友好的笑让彼此坦诚相对，敞开心扉。

笑也是一种艺术，可以有很多类型的笑，例如奸笑、淫笑、开朗的笑。在面对别人的时候，最忌讳的就是奸笑。因为如果你奸笑的话，别人就会认为你是在欺骗他，本来的好心也变成了图谋不轨。有些人天生的笑就是一副奸相，也许会说这是很不公平的，心里学家说其实这是可以改变的。天天面对着镜子学学怎么微笑，看到有镜子的地方都调整一下自已微笑的样子，这样子的话，久而久之笑容也会变的美丽而有亲和力。这就是变相的秘诀。

一位经理在培训销售员工的时候说："客户来了，迎接他你要笑，客户不好看你要笑，客户很坏你要笑，客户不买你也要笑，总之你就是卖笑。"台下的员工哈哈大笑。很早有人提出了微笑服务，微笑被用作一种商业手段，为企业创造财富。而笑有的时候，也会无意间伤害到别人。面对别人的不幸，还是一样微笑的话，只会招来白眼和仇恨。更不能把别人的不幸和错误当成是谈资，加以评论和唏嘘。虽然对方当时可能不会马上发作，也许会通过各种方式泄恨，至少也会因为你不合时宜的玩笑而疏远你。

笑也要分场合和时间，笑也有笑的技巧，我们可以把它当作一种

手段，有意识地巧妙地运用它。例如，到某处去找朋友、同学时，对你所见的第一个人或收发室的人微笑，笑得谦虚热情，表示对他给你的热情致以谢意；在见到你要找的人之后非常高兴，你可以把他所处的外部环境留给你的印象告诉对方，并对对方在如此优美的环境里学习、居住表示羡慕；或告诉他此环境中的每一个人都彬彬有礼，你羡慕此地的情谊。这种快乐的心情和他所处环境的赞美，都会给对方带来好情绪。

在听对方谈话时，要怀着一种亲切的、满意的、非常有兴趣的神情认真倾听。脸上要带着一种长久的微笑，那么说话的人就会越讲越爱讲，他会由衷地喜欢你这位听众。

笑是一门艺术，找到自己美丽的笑容，让它装点我们的生活，让我们觉得这个世界更加美好。

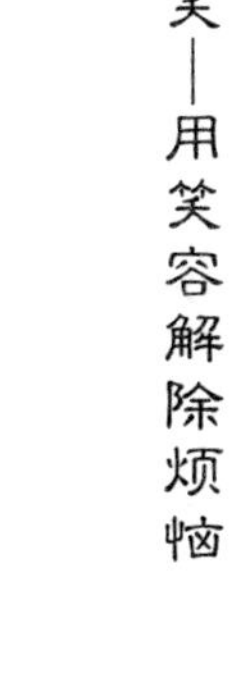

◎给自己一个微笑

世界上最神奇的力量就是笑，它能消除一切压力和恐惧。在每个人成长的过程中总有很多的事情不能忘怀，他们或者是甜美的记忆，或者是痛苦的伤疤，在我的回忆中，中学时期的一次演讲，现在想来还会有满怀的温暖。

学校第一次演讲比赛，要以班级为单位，每个班选择一个人去参加。老师在教室里问有没有人自己报名参加，大家都没有出声，那时候变得特别安静。在经过了一阵有点尴尬的沉默以后，老师叫了我的名字，喊我出去。

我知道作为语文课代表的我，将成为这次沉默的牺牲品。接下来的一天，我一直在焦虑之中。一想到要在全校学生老师面前演讲，就心头一沉。对于那时候内向的我来说，这样的一次演讲绝对不是一件轻松的事。我在班上读课文的时候声音都会颤抖。那天晚上我一直想着明天的演讲，根本没有睡好，睡着了就梦见了自己在全校同学的笑声中跑下了演讲台。

第二天下午因为要进行演讲比赛，大家都很高兴不用上课，而我却像一个等待行刑的犯人一样忐忑不安。演讲稿已经准备好了，却怎么也想不起来里面的内容了。当在台下听着别人演讲的时候，我却两腿发抖，一直在想着我上台时候的表现。当主持人喊到我的名字的时候，我忽然脑子一片空白，旁边的同学拍了我一下，才反应过来是该我上场了。

站上演讲台，我不敢抬头，像个犯罪的坏人。

我看见了坐在前面的校长一直对着我微笑。“对了，微笑。自己没问题的。”我对自己说。当我抬头微笑的那时候，忽然恐惧压力消失不见了，我找到了自己，接下来的表现让大家都吃惊了。我把原本演讲稿中的一段歌词唱了出来，我听不见自己的声音，记忆空白了一段。

接下来的情节是我拿了这次演讲比赛的第一名，我很意外，也很高兴。那时候我战胜了恐惧，因为我自己对自己微笑。我还是那个读课文容易紧张得颤抖的我，没有改变，不过从那以后，我一紧张的时候就提醒自己“对自己微笑”，慢慢就轻放松了下来，真的挺管用。后来看了书也发现，微笑有利于消除紧张恐惧。

对自己微笑是一种心理暗示，它让自己更为自信。

后来听一位成功学专家演讲的时候，常说他做业务员，见人以前的时候，总是在厕所里对镜子微笑：“我是最好的，我是最棒的。”我第一次听到的时候只是感觉有趣而已，后来明白了，自我激励的作用是很大的。我们不必对着镜子说“我是最好的，我是最棒的”，至少，别忘了对自己笑笑。

◎赞许的力量

面对着那些为理想奋斗的人，一个赞许的微笑可能就是他们前进的动力。生活中少一分指责，多一分赞许，让人充满信心，心情愉悦。

许多年以前，小男孩在一个工厂里做工，生活很艰苦。但是在艰苦的环境下他没有放弃梦想的权力。他喜欢唱歌，他一直梦想成为一个歌星。于是，他就去找老师。第一位老师告诉他："你不合适唱歌，你根本五音不全。"第二位老师还是这么告诉小男孩。小男孩有点泄气，他想也许自己还是应该老实在工厂干活，而不应该做什么歌星梦了。

小男孩的母亲却一直支持着他去上课，这位贫穷的农妇搂着泄气的孩子微笑称赞他，"孩子，你一定能唱歌，你看看你现在进步已经很大了，只要你肯努力，你会唱得比谁都好。"母亲为孩子节约下每一分钱，供儿子去上音乐课。这位母亲的支持和赞许，给了小男孩无穷的力量，让他一直前进，孩子的一生真的改变了。

小男孩成了那个时候最为伟大、著名的歌剧演唱家。如果没有小男孩母亲的支持和赞许，等待小男孩的将永远是无情的打击，那么人们就失去了一位著名的歌唱家，小男孩只会继续在工厂艰辛地工作。

心理学家以动物和人的试验来证明：当减少批评，多一些肯定和赞许，人所做的好事就会增加，而不好的事因为忽视而渐渐萎缩。我们很多时候怀着私心或冷漠，对别人的行为抱着贬低或者批评的态

度。

没有爱迪生母亲对儿子孵蛋行为的肯定和赞许，也许就没有了发明大王的成功；没有老校长对韦斯特的赞许，可能就没有成为多本畅销书的著名作家的成功，英国文学史上就缺少了不朽的一页。也许那是一句微不足道的赞许的话，在适当的时候，却给了那些需要肯定的人无穷的力量，给了那些身处逆境的人奋斗的信心。

在玫琳凯化妆品公司，赞美是最重要的，并且贯彻到公司整个营销策划中。有一次，公司新进入一名美容师，在前两次发表会上，她什么也没有卖出去，在第三次发表会上，只勉强卖掉了35美元的化妆品。她几乎丧失了信心，准备退出。这个时候，公司主管热情地对她说：“你已经卖出了35美元的产品，太棒了！”而正是这句话，鼓舞着这位美容师，后来，她继续努力，销售上去了，后来还成为了地区销售经理。

赞许不是不负责任的敷衍，也不应该是怀有不良动机的阿谀奉承，而应该是发自内心的肯定和支持。在生活和工作中看到别人的优点和潜力，从正面评价生活，赞美生活。赞许可以是温暖的微笑或者肯定的话语，就像阳光一样洒入心田，不能吝啬那份阳光，让他普照周围的每一个人，也许就是你的这份阳光，使他人一生受益。

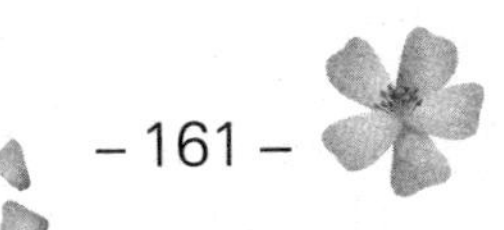

◎微笑的魅力

商场里的营业员，总是被老板教训说要微笑服务，微笑对客人。以前听过要求员工笑的时候露出4颗牙的老板。老板们总是些很精明的人，他们知道微笑的经济价值。

有一次我去商场买东西，刚好快要下班的时候，顾客很多，营业员忙个不停。我前面有个中年妇女在买酒。她觉得其中的一瓶包装有点破损，要求营业员给他换个好的。营业员忙了一天，于是冷冰冰着脸一声不吭，转过身去从柜台拿了一瓶酒给她。谁都能看出营业员的动作充满了火药味，她的火气随时都可能爆发。中年妇女刚走开两步，又一个回头，她决定还是要换一种酒，不要原来的酒了。

我可以看出营业小姐终于按奈不住，就在她眉目倒竖，刚要发作的时候，一个奇迹出现，那个中年妇女脸上出现了一个真诚的微笑："谢谢你呀，你真是肯帮忙，给我扎得这么好。"这个出乎意料的笑脸和称赞使营业员小姐感到惊讶，她有点不好意思，绷紧的脸顿时松弛下来，疲劳的神色从脸上消失，脸上放出了光彩。她为那位中年妇女热情地换了酒，又微笑地转过身来接待我，声音也很柔和。微笑就这样传递着，没有人能拒绝真诚的微笑，微笑可以化解一触即发的矛盾，微笑可以肯定别人的工作，让别人高兴，自己也开心。

有外国朋友问我，中国的营业员是不是不高兴别人去买东西，为什么总是显得那么不愉快。我很难回答，也许原因有很多，这好像是个社会问题。也许大家的生活都不轻松，连可以微笑的动力都没有，

也许大家觉得微笑都很珍贵，对陌生人不屑施予。

人人脸上都有微笑，一定能创造出一个令人愉悦的环境，和睦相处变得容易得多，很难想象有人会去和微笑的人吵架。

以前有个年轻人总是觉得和别人很难相处，觉得大家对他有很多意见。可是又不知道到底是自己什么做得不好，于是他找到一位寺院的僧人说了他的情况，期望从僧人那里得到问题的答案。僧人听了他的问题，对他笑笑，说这个很容易解决，写给他一张字条叫他回家按照字条上的要求去做就可以。年轻人将信将疑，回到家打开一看，里面有两个字“微笑”。年轻人开始不明白其中的意思，但是他还是按照字条上的去做了，他脸上总是挂着微笑。

时间一长，他发现别人对他也是微笑着的，他忽然觉得大家对他都变得很友好。他明白了僧人的禅机。笑是我们与生俱来的能力，也不需要去学，可是我们很多时候却忘记了这份不花钱的礼物。微笑着面对别人，人生就变得有味。

◎有一种笑叫宽容

在大学以前，因为我的家离学校一直很近，所以不用像其他同学一样住在学校。但是我心里却一直很向往6个人一起住的集体寝室。这样大家可以一起去上课，闲暇时候待在一起，或者聊天讲有趣的事情，或者听听音乐唱唱歌，那份轻松自在、无拘无束多么让人心旷神怡。来到大学，我终于如愿搬进了集体寝室，满心欢喜，以为自己来到了理想中的“乐园”，谁知道接下来的生活让我很不适应，是是非非，恩恩怨怨，吵吵闹闹，集体生活并不如我以前所想象的那样。

一起生活的同学什么样的都有，有的小气，斤斤计较，为了别人不小心说错了一句话或者做错了一件小事就大动肝火，翻脸不认人；有的无聊至极，总喜欢在人背后对别人评头论足、说长道短，以此为乐；有的人骄横霸道，不可一世。处理这个复杂的关系，让我觉得“群居”生活并不轻松。

为此我找到了辅导员，我向他述说了我的情况，问他怎么样才能在这个集体中，让自己愉快，也能给别人带来愉快？辅导员笑笑说，我送你四句话就行了，接着他在白纸上一句句写了下来。

第一句“把自己当成别人”，在自己痛苦和忧伤的时候，就把自己当成别人，这样就会减轻自己的痛苦；当别人欣喜若狂的时候，把自己当成别人，那样狂喜就会变得静如止水。

第二句“把别人当作自己”，就可以真正为别人着想，同情别人的不幸，理解别人的需求，并且在别人需要的时候给予适当的帮助。

第三句“把别人当成别人”，要充分尊重别人，在任何情况下对别人不可侵犯的核心领地都保留一份敬意。

第四句“把自己当成自己”。我已经不明白其中的意思了。

这四句话相互矛盾，我在想是不是辅导员故弄玄虚，不过简单的几句话的确有着很深刻的人生哲理。他还是笑着对我说，看似矛盾的表达之中，却可以找到统一。而这需要用自己的一生的时间和经历去实现他们。

生活中我们难免有一不小心犯错误的时候，有时犯了错之后马上意识到了自己的错误，心中已经不安。在这个时候，大可不必去指责、中伤对方，为何不能温和宽容对待，微笑面对。我们不是完美的人，身上的缺点和短处有时我们自己并不清楚，甚至知道了也可能不原意去正视。很多时候，我们如果能从自己出发，衡量一下自己，事情就变得温和了许多。面带微笑，你会发现一份难得的温暖，特别在自己犯了错误的时候，那份宽容的微笑，成为化解一切不愉快的药贴。

成者王侯败者寇的道理很多时候不适用，自己的同学、亲人、爱人又会有什么对错呢？还是要生活或者工作在一起。面带微笑，心怀宽容，使自己理解别人，无论对错自己都是愉快的。宽容的微笑让别人乐于接近你，生活变得轻松友好，微笑待人别人又怎么会恶脸相迎呢？

微笑让人如此美丽，何必吝啬。

◎要心存感激，面带微笑

一味抱怨生活就永远只能生活在烦恼之中，而对生活中的一食一饮、一布一衣都能心存感激，那么生活必将充满阳光。

有人问一位快乐的盲人：“你什么也看不见，这么活着觉得痛苦吗？”盲人的回答让他有点惊讶，盲人回答：“我痛苦什么，和聋子相比，我能听见声音；和下肢瘫痪者相比，我能行走；和哑巴相比，我能说话。之所以能活得比较愉快，就因为我学会了感谢生活。”

人的一生当中，总是在苦苦追求一些东西，一旦得到了之后，往往发现这种千方百计弄来的东西并不能满足自己不断膨胀的欲望。而对自身所拥有的一切，平时很不在意，而一旦失去之后，才感觉是那么珍贵，比如健康、爱情，甚至是我们的亲人。

在第一次世界大战期间，美国著名飞行员贝克驾驶的飞机在太平洋上坠毁，他却死里逃生，在救生筏上整整漂了21天后，被一艘经过的渔船救起。回到祖国以后，有记者问他：“从这件事情中，你学到了什么？”贝克很快就回答：“假如有水喝，有面包吃，你就应该感谢上帝。”

难道只有经过死亡边缘的人才知道生命的珍贵？可是并不是每个人都能有绝处逢生的机会。多数人总是对现状不满，贪心不足，对拥有的东西不懂得感激。

对生活充满感激之情，并不是虚无缥缈的概念，而是可以实实在在做到的。我们感谢一日三餐，感谢父母的养育，感谢朋友的帮助，

能够活着其实是很不容易的事情。

当一个人呱呱坠地，来到这个世界，什么都还没来及做的时候，他就已经开始拥有了很多：父母的养育、灿烂的阳光、温柔的清风、鲜艳的花朵。这一切美好我们怎能视而不见？

有一位畅销书的作家在她事业有成之后却坦白说她没有满足感，虽然可以自己买得起名牌手表和服饰，也开得起豪华跑车，甚至能够到私人小岛度假，即使每天有好友在旁的生活，还是感觉悲伤、空虚和茫然。

在她的小说中这样写道：“我比我原先梦想的要富有得多，可是我还是常常感到难过。钱财不等于快乐，我不知道什么东西能带来快乐。”这位畅销书作家为钱奋斗了大半生才觉悟出“有钱不一定快乐”的道理，而似乎这样的人为数不少。如果肯安静下来体会生活，我们会发现感恩之心是快乐的秘诀。

人之所以不快乐是因为自己出了问题，当我们把我们自己的问题给解决或者修复好，似乎就可以了。而不知道感恩是我们生活得不快乐的一大原因。

年轻的时候，我从学校回到家中，把脏衣服一扔，就什么也不用管了。因为我母亲会帮我洗好，并晾干。而在家吃完饭，把碗一扔，自己就去房间看电视去了。我一直不以为然，觉得这一切似乎都是理所当然。从小到大，这一些家务琐事都是母亲一个人默默地解决。自己长大了，有了自己的家庭，才发现理所当然的背后是母亲一如既往的默默付出。这个时候，你发现自己的母亲是那么伟大，同时她也已经是满头白发了。

心怀感恩才能去爱别人。很多时候，我们习惯了别人对我们的付

出和关爱。他们可能是我们身边最普通的人，父亲、母亲、爱人、老师，在你生活中他们一直陪伴着你。在这之间可能会有矛盾，会有不愉快，但是他们都会宽容对你，包容你的无知和任性。

我们也会成为被别人感激的人，因为我们知道了感恩。能感知到我们身边的爱，怎么能不让我们快乐地微笑呢？

◎用微笑替换哭泣

每到痛苦的时候我们可以放声大哭来缓解心中的苦闷，但是如果一个人遭遇了极大的不幸，而又不能哭泣的时候，又该如何面对自己，面对生活。

在美国郊区的一个小山丘上有一座特殊的房子，它不含任何有毒物，完全以自然物质搭建而成。住在这个房子里的人叫幸蒂，她需要人工灌注氧气以维持生命，以传真维持着与外界的联络。

1985年，辛蒂在医科大学念书，有一次在上山散步，带回一些虫子。她想拿杀虫剂把虫子去除的时候，忽然感觉一阵痉挛，原以为那只是暂时性的症状，没有料到自己的后半生就毁于一旦，杀虫剂内含的化学物质使辛蒂的免疫系统遭到破坏，她对香水、洗发水以及日常生活接触的化学物质一律过敏，连空气也可能使她支气管发炎。这种奇怪的病目前并没有药物可以治疗。

患病的头几年，辛蒂忍受着常人无法想象的痛苦，睡觉的时候口水流淌，尿液变成绿色，汗水和其他排泄物还会刺激背部，形成疤痕。她不能睡经过防火处理的的垫子，否则会引发心悸的危险，1989年，她的丈夫用钢和玻璃为她盖了一个无毒的空间，一个足以逃避所有威胁的世外桃源。辛蒂所有吃的喝的都经过选择和处理，她平时只能喝蒸馏水，食物中不能含任何化学成分。

从生病算起的8年时间，35岁的辛蒂没有见到过一棵花草，听不见悠扬的声音，感觉不到阳光流水。她躲在没有任何饰物的小屋里，

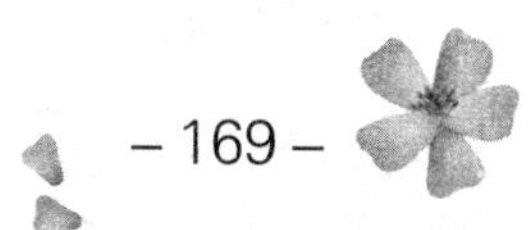

饱尝孤独之余还不能放声大哭。因为她的眼泪和汗液一样，可能成为威胁自己的毒素。而辛蒂没有在痛苦之中自暴自弃，她不仅为自己，也为所有化学污染的牺牲者争取权益而奋战。1986年，辛蒂创立了“环境接触研究网”，致力于此类病变的研究。1994年，她与另一个组织合作，设立了“化学伤害资讯网”。目前，这一“资讯网”已经有5000多名来自32个国家的会员，不仅发行刊物，还到得了广泛的支持。

辛蒂的不幸是我们很难想象的，我们感觉这样的不幸离我们太过遥远，而当不幸降临的时候，我们又该怎么去面对，辛蒂在寂静无毒的世界里坚强而充实地生活着。她说她不能流泪，所以选择微笑面对生活。

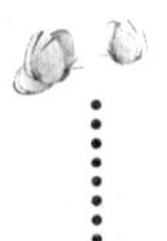

生活的不幸是不能预测的，有时候不期而至。不幸降临的时候并不是世界末日，生活还得继续。当不幸不可避免地发生，需要的是一份坚强和一份乐观，可以大哭一场来挥洒自己心中的抑郁和苦痛，哭完就得振作，面带微笑面对残酷而又美丽的生活。

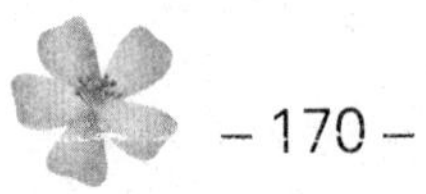

◎一笑泯恩仇

在复杂的社会生活中，免不了有摩擦和碰撞，而很多情况下是我们自己把事情复杂化了，把本来的小事情弄得不可收拾。在汽车上被踩一下本来是很正常的事情，但是因为踩人的人态度不好，被踩的人不依不饶，事情就会发展到骂街，甚至大打出手的地步。

一张笑脸在化解摩擦的时候作用巨大无比。在停车场刚停下车，我的车被后边的一个司机撞了一下，我从反光镜中看到那个司机向我走过来，我也正准备下车臭骂那位司机一顿。当我下车正要破口大骂的时候，那位司机却微笑着对我说："对不起，先生，我们的车打了一个啵，你不会生气吧？有什么损失我赔给你。"

本来的怒火被他一个玩笑给熄灭了大半，再一看车子也没什么损失，就也笑笑说："没有关系，这样的事情是常发生的。"本来的一场吵闹转眼间消失了，我的怒火和敌意完全被那位司机的笑容给化解了。

一位非常年轻而且有才华的汽车设计师刚刚设计了一款概念车，在车展上记者问他作为一名设计师最重要的素质是什么，他回答："是妥协，如果没有妥协，就不会有任何新款问世。"记者很惊讶，以为他会更强调创造或者个性什么的，哪里想到他会说出"妥协"。不过他说的妥协不是唯唯诺诺，而是建立在自知之明的基础之上的。

想想也是，一个团队之中不可能意见一致。如果一个团队意见完全一致实际上也并不有利于团队的发展，团队成员之间肯定要有所

妥协才能使得整体向前。但是妥协也不是简单的让步、放弃，而是在知己知彼的基础上达成一种共识。面对以前的不愉快，或者是意见不和，以一种彼此妥协的方式，一笑泯恩仇。

妥协不是没有原则的“老好人”，而是一种顾全大局的心境，是一种宽容的气度。

在很多招聘广告上，很多公司都会列出一条“有5年以上工作经验者优先。”它并不只是单纯地在强调工作。一个经营装修公司的朋友跟我说，其实装修1年的经验和做5年的差不多，但是如果一个工作5年的人，他就会懂得和生活妥协。他会懂得把自己的棱角藏在言行之下，更清楚怎么和人合作，更清楚通过自己努力能得到什么样的工作和生活，换句话说就是更懂得和生活妥协。

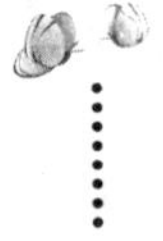

工作和生活中起冲突，很多事情到头来并没有对错，自己苦苦坚持，结果发现却没有太大的意义。我们都过着平常人的小日子，不需要像贝多芬布鲁诺那样去坚持，即使被五马分尸、被绑在火刑柱上也不妥协。

以前特别佩服武侠小说中的英雄，打打杀杀的死对头，到头来还能坐在一起大口喝酒。“劫波渡尽兄弟在，相逢一笑泯恩仇”，境界！境界！

◎多一点幽默

说起幽默不等于博人一笑的插科打诨，他是一种智慧，有着很多用处。它能化解很多尴尬，创造出美好的人生境界。

第一次世界大战爆发前，在美国出生的女权主义者南希到布雷尼宫拜访丘吉尔。丘吉尔热情地接待了她，在交谈中南希大谈特谈女权主义，并恳求丘吉尔能帮助她成为第一位进入众议院的女议员。

丘吉尔对她的想法并不支持，在他看来她的观点似乎有些狭隘和偏见。这使得南希很恼火，气氛变得有点尴尬起来，南希半开玩笑地指着丘吉尔手上的咖啡说："如果我是你的妻了，我就在您的咖啡里下毒。"

丘吉尔没有因为她的无礼顶撞而生气，而是温柔地说："如果我是你的丈夫，我就毫不犹豫地把它喝了。"在场的人都哈哈大笑。

一个商人见了上帝，就问上帝："伟大的上帝，请问，千万年的岁月，在你眼里看来是什么？"

上帝回到他："千万年的岁月，在我眼里看来，不过犹如一秒钟过去。"

商人又接着问到："那么，亿万的财富，对伟大的你而言，具体又有什么样的意义呢？"

仁慈的上帝继续回答："亿万的财富，对我而言，只是像一分钱而已，算不上什么意义。"

上帝还没说完，商人马上跪在地上，哀求道："全能的上帝啊，

求求你大大怜悯我这个穷人，赏赐给我你的那一分钱吧。”

上帝微笑着答应：“好的，就赐给你一分钱……”

商人高兴得跳了起来，嘴里不住地感谢着上帝的慷慨，心里暗暗开心自己愚弄了上帝。

上帝接着补充道：“一秒钟后才给你。”

上帝没有愚弄穷人的意思，而是他用自己的智慧告诉商人自己不劳而获的贪心并不能得到上帝的帮助。上帝般幽默的智慧，可以帮助我们轻松地解决了双方在问题上的争议，找到合适的解决之道。先以诚挚认同对方，艺术地解决问题，创造出美好的境界。

幽默能缓解矛盾，幽默是调节人际关系的润滑剂，使得交际更顺利、更自然，懂得幽默的人更具魅力。一次，德国某空军俱乐部举行招待会，一位士兵斟酒时，不慎把酒洒到了乌戴特将军的秃头上，顿时士兵吓傻了，周围的人也愣住了。将军表情严肃，拍拍士兵的肩膀说：“老弟，你以为这种治疗能令我长出头发吗？”全场立即爆发出笑声。正是乌戴特将军的宽容和幽默，使得他成为了当时很多人的偶像。

幽默是面对失败挫折的有力武器，可以利用幽默减轻失败带来的痛苦，相反，缺乏幽默感的人，只能默默地承受痛苦，难以解脱，这只会增加心理负担。幽默不仅仅给人带来欢乐，有助消除敌意，缓解摩擦，甚至让人身心健康，提高工作效率。

一家资讯公司通过调查发现，懂得幽默的人智商更高，有较高的人文修养、有较好的人缘、有着良好的心态、更为乐观、豁达等等，不管情况如何，提醒自己别忘了幽默的巨大力量。

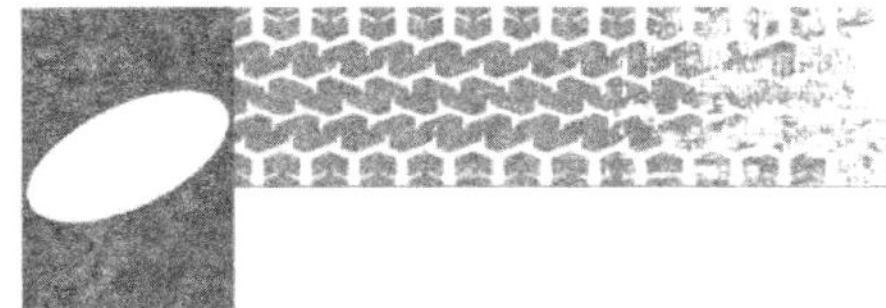

第八章

时间是竞争：获取财富的保障

◎竞争才能生存

19世纪30年代，达尔文曾经周游世界。有一次，他来到非洲一个原始部落，那里的居民不用穿衣服，住在山洞里或者在树枝上搭一个窝，过着茹毛饮血的原始生活。达尔文在那里住了几天，惊奇地发现，这个原始部落保留着十分残酷的习惯：在冬天粮食青黄不接的时候，他们把婴儿或小孩都杀死吃掉，并将老年的妇女赶到山里，让她们自己饿死或者被野兽吃掉。为的是节约出粮食给年轻人。

达尔文很惊讶部落里的这种行为，就找到部落的领袖询问。领袖很平静地告诉达尔文，妇女的任务就是生孩子，生下的孩子有两种用途，一是留下来长大以后和大家一起摘果子捕野兽；另外就是在缺少粮食的时候当作食物。而妇女老了就不能再生育，留下她们已经没有什么用处，不吃掉她们已经算是宽容了。这种完全有悖文明人类的思想在片土地上已经存在了很长一段时间，达尔文觉得太残忍了，决心用自己的努力去改变这个原始社会。

他花了一点很少的钱从这个部落里买了一个男婴儿，带回了英国，起名叫“达尔文之子”。他想用现代文明社会的教育方式让达尔文之子成为一个文明人。达尔文之子年满20岁的那年，达尔文告诉了这个孩子自己的身世，和带他来接受现代教育的目的，并告诉了他的任务就是去改变自己的故乡，那个落后的原始社会。达尔文托熟人把达尔文之子送回了那个原始社会。

送走年轻人的一年以后，达尔文旧地重游，他很想看看那个曾经

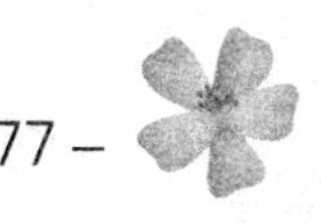

吃人的原始部落是不是在现代文明青年达尔文之子的手上改变了。可是到处都找不到那个自己精心培养的非洲青年，他只能找到那个部落首领，询问那个年轻男孩的下落。

他问部落首领：“我带走的那个男孩回来了吗？”

首领回答：“回来了。”

“那他现在在哪？”达尔文有点着急地问。

首领先是停顿了一下，接着平静地说道：“我们把他吃了。”

达尔文大吃一惊，他没有想到会是这样的一个结果。

“他回来以后什么也不懂，不会摘果子也不会捕鱼，我们留下他有什么用？”首领接着说。达尔文无话可说，他觉得自己把事情想得太过简单，甚至是他害了那个青年。他没有想到从小离开原始部落的孩子，再回到原始部落就可能适应不了那里的环境。即使他再聪明，文明程度再高，也终将被淘汰。

这是一个适者生存的故事，任何一个组织或者社会，为了自身机体的健康，必然会有淘汰机制。改变环境的难度大得不可想象，在这样的制度之下，只有两种身份可以扮演，淘汰者和幸存者，如果天天不进取，最终只能被对手所淘汰。

人生而有欲，竞争就是满足欲望的过程，竞争自人类存在的那一天起就有了，没有人能跳开竞争之外。所谓的成功就是在各自领域竞争中取胜，成功者有着坚韧的毅力，有着勇于拼搏、不断进取的精神。强劲的对手让我们的人生充满了乐趣，也使我们在竞争中不断进步。

◎没有竞争何谈胜利

一位动物学家对生活在非洲大草原奥兰治河两岸的羚羊进行了研究。他发现东岸的羚羊繁殖能力比西岸的强，奔跑的速度也不一样，每一分钟要比西岸的羚羊快13米。对于仅仅一河之隔的两群羚羊，为什么会出现这么大的差距。这位动物学家百思不得其解，因为它们生存的环境和属类基本是一样的。

有一年，他在动物保护协会的帮助下，在东西两岸各捉了10只羚羊，把它们都送到对岸去，并在羚羊身上做了明显的记号，以便研究之用。过了一段时间，西岸送到东岸的10只仅仅剩下了3只，那7只全被狼吃掉了。

这位动物学家明白了其中的问题，东岸的羚羊之所以强壮，就因为在它们附近生活着一个狼群，西岸的羚羊之所以这么弱小，是因为他们缺少了一个强劲的对手。

故事到此告一段落，我们把眼光收回到我们自己身上。很多的优秀的人并不都是天生就比一般人要厉害，而是在竞争中，他们通过自己的奋斗慢慢让自己成长起来了。我们听多了成功者艰难的奋斗经历，很多时候却忽视了他们竞争对手的贡献。

在看热播电视剧《康熙王朝》的时候，让很多人为之动容的一幕是年迈的康熙在60大寿的时候，为已故的对手们敬酒的场面。他在感谢他的对手，是他们成就了康熙的宏图伟业。我们总是害怕强大的对手，因为那意味着我们失败的可能就很大。感谢对手，那是一种怎么

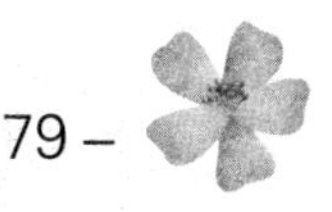

样的胸襟和气魄。

如果游戏中只有一个人参与，迟早会厌倦胜利。当胜利来得轻而易举的时候，我们体会不到那种战胜强敌的快意。一个人的舞台会显得格外寂寞。金庸笔下的独孤求败是一个顶级的高手，可是他因为找不到对手而郁郁寡欢。

不要因为弱小而不敢与人竞争，弱者有自己的生存方式，只要相信弱者不弱，勇敢面对对手，同样能培养出竞争意识。自然界有这样一条定律，弱者有弱者的生存空间。无论强者还是弱者都有适应自然法则的一套本领，只要认真地生活着，并不在意自己的强大还是弱小，只要你拥有自己游刃有余的空间，充分发挥自己的优势。优势就会弥补不足，很可能就会在竞争中取胜。

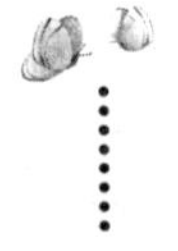

人要成功必须要勇于接受挑战，没有挑战的人生就好像没有色彩的画布。我们也要学着感谢我们的对手，是他们让自己在不断进步，是他们让人生充满色彩。

◎要有竞争意识

竞争总要比出个好坏来，目的是为了从中得到肯定，不知道是不得已，还是求胜心切，很多时候我们会不按规则打牌，总是在寻找捷径。“简单”不知道从什么时候开始变成了一个贬义词，在竞争中要手段取得胜利的人是可以为后人学习。向往的竞争不是以打击对手为目的，胜利只是一个期待的结果，而不是生活的全部。

2002年6月，中央电视台的对世界著名的实验物理学家丁肇中先生进行采访。因为有感于其成功经历，当记者问及：“我感觉您每一个人生阶段的选择都有明确的选择，一个人怎么就能够每一次选择都那么坚定和正确呢？”丁老回答：“不知道，可能比较侥幸。”记者马上追问“没有必然吗，在这里面？”丁老回答：“不知道。”记者还不死心，觉得答案太过简单。“怎么能让自己今天的选择，在日后想起来不后悔？”丁老依然回答：“我不知道。因为我还没有后悔过，所以我真的不知道。”记者有点无奈：“我发现现在咱们谈话过程中，您说得最多的一句话就是‘我不知道’。”丁肇中笑笑，这次做了正面回答：“是！确实是事实。不知道的，你绝对不能说知道。”

美国心理学家曾经做过一个耐人寻味的调查，他将550个描写人的形容词列了一张表格，让大学生从中选择出他们喜欢的品质和厌恶的德行。结果显示，评价最高的性格品质是“真诚”，最差的品质是“撒谎”、“虚伪”、“不老实”。想起来很多女性朋友谈到对自己心目中的丈夫首要一点要求，就是人要实在。在这一点上基本上都能

达成共识。我们希望自己的朋友真诚、实在，而绝不会喜欢常常欺骗自己的人是自己的朋友。

古龙小说里常说，伤害自己最深的人常常是自己最亲最信的人，宁愿多一个敌人少一个朋友，想来让人有点不寒而栗。人与人的相处之中，不管是朋友还是敌人，不管是合作还是竞争，都需要一份坦诚，坦诚的对手才是让人敬佩的。

做一个简单的对手，也是坦诚对待自己。这样的竞争中才能真正了解自己的不足，不知道就是不知道，不如人就是不如人。即使输了，也能赢得对手的尊敬，而这样的竞争才是有意义的竞争，不单单是输赢，而是一种人生的哲学。

如今大家都有竞争意识，简单是一个合格的竞争者最基本的要求。简单是一种返璞归真的智慧，看似简单，实则深刻。

◎成功是一个艰苦奋斗的过程

高考时因为语文差了一分，唐骏和自己心仪的大学失之交臂，去了当时并不出名的北京邮电大学。由于学校和专业自己都不喜欢，不满、自暴自弃的情绪一直伴随着他渡过了大学3年，专业成绩中等水平都达不到。大三在中科院半导体所实习的时候，唐骏第一次看见了计算机。刹那间明白了3年的懈怠是个多大的错误。凭着自己的观察和判断，唐骏放弃了原来的物理学专业，开始攻读第二专业--光纤通信。结果证明他这一步走对了。

他用几个月的时间完成了别人4年的课程，而且还要考研。在同学看来这也许只不过是最后的疯狂，即使再努力最终结果只能是徒劳。可是考试成绩出来，所有人都大跌眼镜。在北京邮电大学的研究生考试中，唐骏获得了光纤通信第一名。

在一阵欢喜之后，唐骏怎么也高兴不起来了，因为大学前3年成绩不佳，从没有获得过“三好学生”，即使是专业第一，在北邮的出国名单上，唐骏的名字还是被删除了。面对打击，他没有放弃，四处打听消息，发现北京这一年一共分到75个出国名额，而这一次研究生考试英语题很难，很多人因为英语成绩没有上线而失去了升学的机会，整个北邮只有5个学生英语上线。唐骏心想其他学校肯定有一些名额用不上，这样一想，唐骏看到了希望，即使是期望渺茫也要坚持，他找来每一所大学的联系方式，打了不知道多少电话去询问是否可以得到他们多余的出国留学名额。

唐骏终于证明了自己的想法，他在北京广播学院找到了空缺的出国名额。他亲自跑到北广，也许是被唐骏的真诚感动，那位负责的老师很快就把档案从北邮调到了北京广播学院。

事情似乎又进了一步，成功就在前方，意外又考验着这个年轻人的毅力。虽然在北广得到了出国的名额，但是已经错过了报给教育部的期限，需要自己把材料交上去。唐骏拿着介绍信，去找教育部出国司的副司长。在别人的帮助下他找到了人，但是人家根本就不搭理他。没有钱也没有门路的唐骏在出国司的大门口足足等了两天。早晨8点，远远看着副司长来了，他赶紧打起精神，对迎面而来的副司长点头微笑："您好，你上班了啊？"下午6点，他站在大门口，紧盯着从办公室出来的人群，看到副司长，又微笑着说："您好，你下班了啊？"翻来覆去就这朴素的两句话。

原本看都不看他一眼的副司长，没想到年轻人还有这样的毅力和决心。两天后的早上，副司长被他的真诚和快乐感动了，笑眯眯地对他说："是你啊？你等会儿，我看看你的资料。"听到这句话，唐骏一下子飞上了天。"我给你报上去，不过批不批就不知道了。"唐骏还是满怀信心。实际上这位副司长掌握着出国留学的审批权。就这样，唐骏获得了去日本留学读研究生的机会，毕业后又赴美读博继续深造。

成功都需要一个艰苦奋斗的过程，真正成功的人是能坚持到最后的人。我们总是看到成功的结果，虽然每一个成功的人不一定是聪明过人，但都是在很多人放弃的时候能继续坚持的人。

想赢，就挺到最后。

◎多花一点心思去竞争

面对对手的强大不是自卑气馁，而是再花一点心思，四两拨千斤不是神话。面对失败不能消沉，而应该花更多的心思去争取成功。面对强大的对手还是要能亮出自己的宝剑一搏；面对困难还是应该多花一点心思去克服。

顾小兰和丈夫来到西班牙的马德里生活了4年，刚来的时候语言不通，人生地不熟，夫妻俩生活很艰难。本来顾小兰想坚持到丈夫完成学业，两人就可以开始美好的明天了，没想到等来的却是丈夫留给她的一张离婚协议书，就跟一个富商的女儿悄悄走了。

两个星期紧闭门窗，没有人能想象她所经历的心理历程。当两星期后她打开房门，面对着这个美丽的城市，她决定勇敢地站起来，活得更潇洒。

西班牙是个足球的国度，马德里是球迷的天堂。这里有世界上著名的球队，皇家马德里队当时拥有着5名世界级的顶尖球星。来这里看球、旅游的人不计其数，顾小兰决定拿出所有积蓄开一家小店，卖些足球、球衣之类的小物件。

这样的小店在马德里城里有无数家，小店经营得并不顺利，要维持生计都成了很大的问题。怎样才能让自己的小店维持下去？一个偶然的机会让这位独处异国的女子看到了机会。有一次，一名外国游客问她有没有卡洛斯签名的足球，如果有游客愿意高价购买。看着顾客失望离去，顾小兰忽然意识到了这是一个巨大的商机。她开始到处打

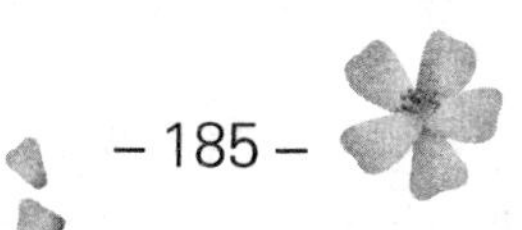

听卡洛斯的消息，比任何一个球迷都要热情，经过一番努力，终于打听到了卡洛斯常去的酒吧。那一天顾小兰就一直在那个酒吧等待球星的出现。

晚上8点的时候，卡洛斯从汽车里出来，他的身边始终跟着两个威猛的保镖。顾小兰马上迎上去请求签名，像对待所有热情的球迷一样，卡洛斯为她签上了自己的名字。而就是这个足球，刚摆上柜台，就有好几个人过来争着要买这个球。原本15欧元的球，最后以703欧元成交了。

接下来顾小兰有了一个大胆的想法，她要经营一个专门出售明星签名纪念品的签名公司。要让自己的公司在竞争中取胜，就得有不同寻常的创意。在前面成功的基础之上，她想出了请皇家马德里5位巨星共同签名的足球计划。

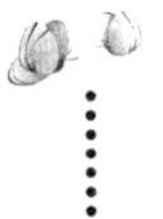

这个计划执行起来并不那么容易，这5个明星平时根本不在一起出现，而惟一可能出现的就是比赛场上，找他们签名几乎是不可能的。顾小兰又在酒吧等明星出现，这一天她看到了齐达内和劳尔同时出现，顾小兰本以为这次机会一定能抓住，可是在保镖的保护下，却怎么也靠近不了两位明星。

这次失败让顾小兰觉得原来的办法行不通了。她苦思冥想，一个大胆的办法出现在脑海之中，她找来了服务生衣服穿上，假扮成服务生在厨房用蜇皮和黄瓜做了一道中国菜。她把这道海蜇皮拌黄瓜紧张地端到了卡洛斯等3人的跟前。明星们奇怪怎么会有这样的美味小吃。顾小兰就不失时机地介绍了自己，并告诉他们这是中国小菜，如果想品尝其他美味小吃，她愿意专门为他们做，而且有空的时候可以和其他明星一起来自己的公司尝鲜，3人爽快答应。

接下来苦苦等待并没有等来明星大驾光临。3个月过去了，似乎没有了结果。顾没有放弃，她主动出击，连续一个星期都端着蜇皮拌黄瓜这个小菜，等在明星经常出现的地方。终于在不懈的努力之下，顾小兰接到了一个电话，在电话那头的卡洛斯说要再次品尝美味的中国菜。在卡洛斯的带领下，其他5名球星一起来到了顾小兰家。走下球场的球星谈笑风生，幽默诙谐。顾小兰在闲谈之中说出了自己的计划，球星们为她的坚强所感动，表示全力支持她的事业，5位明星同时在50个足球上签上了自己的名字。

这个消息在马德里很快传开了，前来买球的人踏破了门槛。这些球都成了宝贝，仅仅用了4天时间，每个球的价格高到5万欧元，而一些有钱的球迷更开出了10万甚至20万的天价。当球销售一空的时候，顾小兰奇迹般地成为了百万富翁。

你想不到的，对手会让你想起来。竞争不一定要你死我活，却要再花一点点心思，成功从来都不是轻而易举的事情。面对出现的问题，再动动脑子想到对手想不到的，才能更接近成功。

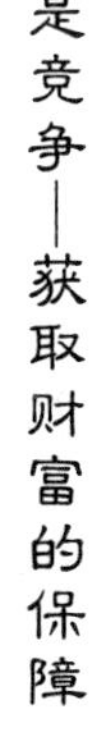

◎别拿短处去比他人的长处

李强大学毕业的时候，就和自己深爱的女友分手了。分手的原因是女方父亲反对，他觉得李强个性太强，脾气太躁，今后难成气候。受到如此打击，很长一段时间李强都萎靡不振，有种看破红尘之感。后来李强给女朋友的父亲写了封信，用极其恶毒的言语大骂他狗眼看人低，还在信中发誓要在今后出人头地，让他后悔莫及。

与女友分手后，李强毅然走上了他的独木桥，一直在为前途奔波。他已经习惯了几句礼貌而又冰冷的托辞。在绝望边缘徘徊了很久，他忽然在一个招聘广告中发现了市场调研主管的职位。李强觉得这是非常适合自己的职位，专业对口，而且自己在大学的时候也主持过一些市场调研的项目。

李强重新振作，满怀信心来到了那家公司应聘。经过简单的笔试，在一个星期以后就收到了去面试的通知。这下李强的信心更加足了，那天很早就在公司等候面试。接下来发生的事情，让李强大跌眼镜。坐在经理办公室里的人竟然是李强以前女朋友的父亲。李强之前的心理准备一下子崩溃在发生的意外状况之下。他不知道自己是马上转身离开还是继续坚持。理智告诉他，既然来了就不能白白浪费一个上午。

经理在他对面坐下，像不认识李强一样，很有礼貌地介绍说他自己是这家刚成立不久的公司的总经理。在认真看完了李强递交上去的简历以后，就随意问了一些面试都会问的问题。李强在交谈过程中始终不敢正视他对面的总经理，因为李强心里还是担心对面那个人会拍

着桌子指责自己没教养，写信侮辱他，心里一直很忐忑，谈话的时候也是心不在焉。

总经理在经过了差不多半个多小时的交谈之后，一脸严肃而又平静地告诉李强，看了李强的笔试成绩和个人简历，他认为李强是个理论扎实，并有一定经验的应聘者，但是不能胜任这个工作。

听他一说完，李强终于忍耐不住自己心中的怒气，“先生，我就知道你装模作样地在戏弄我、报复我。”他完全忘记了是自己一个求职者的身份。

经理哈哈大笑，站起来和蔼地走到李强身边：“我不说别的，你低头看看自己脚上的袜子，一只白，一只红。这样粗心能从事精确的调研工作吗？”李强低头看看，无话可说。“我没有戏弄你，你的确不能胜任这项工作。再说，你和我女儿分手，你就迁怒于我，写信把我骂得狗血淋头，你觉得这样的胸怀能当主管吗？我敢说你当了主管，也很难和下属很好地沟通。”

李强恼羞成怒，“林老板，有志者，事竟成。我相信有朝一日我能在商界干得比你好，我们后会有期。”说完气愤地转身就走。“小伙子，慢着，别那么相信‘有志者，事竟成’，很多人都败在了这句话上。对于男人来说，事业最大的失误就是选择目标错误。让猫拉车，车注定只能拉到床底下。我看你专业理论精通，适合朝学术方面发展。我相信你在这方面会有所成就。”

李强无地自容的那一刻，就是他低头看见自己袜子的瞬间。如果你的天赋不在某一方面，又期待在这方面和别人竞争的话，极有可能是枉然，竞争不是拿自己的不足和别人的长处去拼，很多时候，出门前，先低头看看自己的脚。

◎尊重对手

在一些人的观念之中，竞争对手就像是自己的敌人，不是你死就是我活。面对竞争对手怀着满腔的怒火，特别是在自己处于不利的地位的时候，几乎将这种愤怒转化成仇恨，心中充满了鄙视和不满。在言语上侮辱诽谤，甚至大打出手。这样的场面在一些国家的竞选中时常会看见。

尊重对手是一种自信的表现，即使在竞争中处于下风的时候一样能不失风度的人，会赢得更多的敬佩。在竞争中所展示出来的人格魅力绝不亚于竞争胜利所带来的肯定。其实，能尊重对手，是一种大将的气度，更是一种取得胜利的策略。

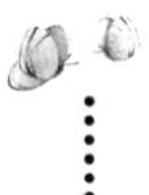

美国钢铁大王卡耐基在他10岁的时候，曾经无意间得到了一只母兔子，不久母兔就生了一窝小兔子。可是对于只有10岁的卡耐基来说，要养一窝兔子是不可能的。因为他的零花钱少得可怜，更不好因为要养兔子就去向父母要更多的零花钱，实在没有钱去买食物来喂这窝兔子。聪明的卡耐基想出了一个办法：他告诉邻居的小朋友，只要他们肯拿食物来喂小兔子，他就将用小朋友的名字给小兔子命名。小朋友们立刻热情起来，争着要为小兔子提供食物。

这个小时候的插曲，教会了卡耐基一个道理。有时候对别人的尊重，自己同样会得到回报。尊重对手是一种策略，他不是笑里藏刀的阴谋，而是一种真诚。卡耐基很快就在他人生道路上因为这个道理而受益了。

有一次，卡耐基与布尔门铁路公司竞标太平洋铁路的卧车合约，双方不断通过压低价格的手段来竞争，基本上已经到了无利可图的地步。一天，卡耐基与布尔门在一家饭店门口碰巧遇上。仇人相见倒没有眼红，卡耐基就对他半开着玩笑说："我们这不都是自己在作践自己吗？"卡耐基接着慢慢陈述了恶性竞争的坏处。布尔门开始不以为然，觉得卡耐基一定是在自己的压力下坚持不住了。在卡耐基提出彼此之间化解恩怨，摒弃前嫌，携手合作的时候，布尔门并没有多大热情。

但是考虑到在竞争中，自己的公司也没有得到什么利益，面对卡耐基这个强劲的对手也有点疲于应付，他开始有点动心。卡尔门认为有点道理，就也半开玩笑问道："我们一起合作的公司叫什么呢？"卡耐基马上想了小时候的兔子。他马上回答："就叫布尔门卧车公司。"布尔门哈哈大笑，之前的戒备和轻视忽然减轻了许多。接下来他们一同进餐，很快两个人似乎成为了好朋友，而那一份合作的协议很快也就达成了。这个布尔门卧车公司在卡耐基成为钢铁大王的道路上起了重要的作用。

尊重对手，不是害怕对手，而是出自内心对于竞争对手的一种敬意，是一种英雄惜英雄的情怀，甚至有时候是一种以退为进的策略。对手的强大才能证明自己的强大，尊重对手也是尊重自己。

◎最大的对手是自己

每个人都有对手。战争年代不用说了，和平年代也如此，一个人在学生时代有学习对手，走到社会上有竞争对手。不管做什么样的工作，从政或经商，总有人和你争职称，争头衔，争岗位，争合同。

我们无时无刻要去面对看得见或者看不见的对手。对手很复杂，结果却很简单，要么自己输了，要么对手输了，双输双赢平手局面出现的机会要少得多。

每个人都需要对手，很多人害怕竞争对手，总有人一厢情愿地幻想无人和他们竞争的局面，最好所有人都是朋友，不是对手，理智告诉我们这是不可能的。

没有对手，人类不可能进步；没有对手，一个人也不可能进步。优秀的人才总是在和无数对手竞争的过程中脱颖而出，而不是一个人寂寞攀登成功的顶峰。失去对手的刺激，同时也就失去了前进的动力。

关于对手，一般人都把矛头指向别人，却忽略了自己，事实上，自己才是自己最大的对手。把矛头指向别人是理所当然，把矛头朝向自己就需要一点勇气和毅力。

美国开国三杰之中年龄最大的、成就最大的本杰明富兰克林是一个多面手。他即是一个企业家、科学家、作家，同时也是一个政治家、外交家、思想家。可以说，本杰明是美国人心目中的偶像和楷模。有人想从他那里探求一点成功的经验，问他：“富兰克林先

生，你每天都在做什么？”富兰克林回答：“我每天都在跟我自己战斗。”“那你战胜自己了吗？”

“是的，我暂时战胜了我自己，可是明天他还会起来反叛，所以到明天我还得跟自己作战，我乐此不疲。”富兰克林的话引人深思。

一个人和自己作战又会有什么样的结果，大致也可以分为三个：一是不战而胜；二是战而胜之；三是战而不胜。不用说第一个结果最了不起，而第三个结果是最失败的。所以本杰明这么说：不战而胜的自己是英雄，战而不胜的自己是狗熊。

人的一生就是不断和自己作战的过程，克服自己的懒惰，改变自己的愚蠢，压抑自己的贪婪。与人竞争，说到底还是跟自己竞争，因为只有自己不断提高才能在竞争中取得胜利。

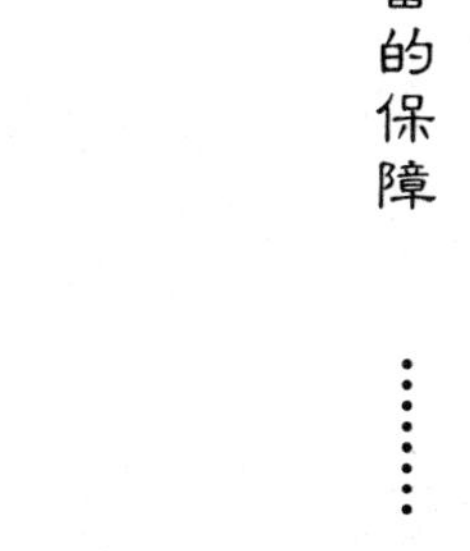

◎有效地推销自己

贝尔是巴黎一家酒店餐饮部的一个小厨师。他没有什么特长，几乎连做像样的菜都不会做，他一直在厨房当下手。他总是笑眯眯的，谁都可以说他几句。经济低迷的时候，酒店要裁去一定比例的员工，按道理说不会做菜的比尔应该首当其冲，但是比尔一直没有在一次次的裁员中丢掉工作。

让贝尔成为了资格最老的员工之一的原因很简单，因为他会做一道特别的甜点。虽然不会做什么像样的大菜，可是就是因为这道小甜点让贝尔成为了这个大酒店不可或缺的人才。贝尔能将两个苹果的果肉放入一个苹果中，使一个苹果显得特别丰满可口，而从外表上一点也看不出是两个苹果拼成的，果核也巧妙地被去掉，吃起来特别香。

一次，他把这道甜点巧妙地送给了一位贵妇人。贵妇人是该酒店一位很重要的客人，她长期包租了一套酒店最昂贵的套房。她非常喜欢贝尔的小甜点，并接见了他，讨教其中的奥妙。贵妇人为了这道甜点常常带着她的朋友们来这个酒店，每次都向大家推荐这道小甜点。小甜点成为了酒店招揽客人的重要招牌。

故事说到这，也许大家就明白了贝尔不会炒菜，却成为了酒店资格最老的员工之一的原因了吧。每次裁员，贝尔都是风平浪静。贝尔自己独特的优势，成为他的“卖点”，一个人在竞争中首先要知道自己的优势，并将优势巩固扩大，推销自我，展示自我。

凯文是一家煤矿的经理。煤矿附近有一家庞大的连锁店。这家连

锁店每年都要消费很多的煤，可是商店从来没有在凯文这儿买煤，却到郊外的一个商人那里买。凯文觉得这是对他能力的一个侮辱，决定想出一个办法来解决这个问题。

他策划了一个辩论会，主题是“连锁商店的扩展是国内商业的杀手”，矛头直接指向煤矿附近的连锁店。这次辩论受到了社会各界的关注。

然而，作为小镇上的商界人物，凯文在登台以后为连锁店辩护。在第一个回合，凯文败下阵来，然后，他直接找到连锁店的总经理，首先谈了辩论的情况，然后说：“除了你，我就想不到还有谁能提供给我真实情况，我很想在辩论会上获胜。如果你能帮我，我会很感激的。”商店经理十分热情地提供了许多见解以及数据。两人相谈了许久，十分投机。当凯文离开的时候，总经理亲自送出，他把手放在凯文的肩膀上，祝他辩论成功，并说，“春季请到我这里来，我想同你签订供煤的合同。”

在激烈的竞争中能有效地推销自己，才能让别人认同你，更好地发挥自己的才能。即使你一身才华，而不懂得推销自己，就像把宝石埋在了土里，无法让人发现你的光芒。机会不是到点的班车，更何况连班车也会晚点，发现自己并善于推销自己的人，离成功更近。

◎为自己选个对手

股市着实火爆了一段时间，很多人成为了股民。相信作为股民都知道大名鼎鼎的“金融大鳄”沃伦·巴菲特。他是美国伯克希尔公司总裁。在40年间，他在股票市场上，通过连续的高质量投资，获得了97亿的收益净值，他成为了20世纪的世界首富。

他对年轻的人建议是：许多人驾驶400马力的发动机，但是只得到100马力的输出功率，更好的方式是用200马力的发动机并使之输出全部功率。一个聪明的人往往因为一些障碍使得他们不能达到自己的输出功率。就像是一只在温水中游泳的青蛙一样，很多时候我们不知道自己身处危险之中，很可能因为自己的大意而慢慢让自己被竞争淘汰。

要想不被淘汰，就得主动出击，为自己挑出对手，甚至是假设的对手。这样我们才不会因为习惯、性格、秉性这一些因素上的障碍，影响我们不断自我突破。巴菲特不止一次说过，世界上每一个人都绝对有能力做他能做的任何事情，有些人会做得更好，有些人则不能。对那些不能做到的人，主要是陷入了“自己”之中，并不是客观条件不允许。

他最后在演讲中对年轻人说，选出你最佩服的人，然后写下你为什么钦佩他的理由，然后一点点付出实践，你便能够将你钦佩的人的品质变成自己的特征。从现在开始的20年里，只要你决定从今天开始实践，你便能养成习惯。

如果说这个建议执行起来会有点艰难，需要很大的毅力和耐心才能完成这个20年的方案。但是有一点思路我们可以学习，在我们的生活和学习中，都会有自己佩服的人。并不一定是因为他是成功的，可能因为他善良或者知识渊博，这一点并不妨碍我们把他做为自己的对手。

我们所佩服的人，一定有自己不能到达的一点或者几点优秀之处。这些就如同目标一样，时刻提醒着自己向目标靠近。最为有效的方式，是找出自己身边的人，将他做为自己的目标，不断超越对手，而在超越对手的时候，自己也就得到了提高。

从别人身上寻找你钦佩的行为，使它变成自己的习惯，并将别人身上发现应该受到指责的东西，自己决心避免。

这么做了，自己的所有的马力在赛道上更容易转换成输出功率。为自己找一个对手，就是为自己定了一个计划，定了一个目标。对手会不断提醒我们努力，不然就被越甩越远。有了对手，就有了危机感。

为自己选一个对手，激发自己的斗志，让自己变得更强。

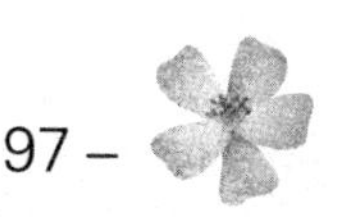

◎生来就是冠军

也许你不知道，我们每一个人生来就是要做冠军的。

每一个来这个社会上生活的人，都是独一无二的。而在诞生这个生命个体的过程中，许多斗争发生了，这些斗争又必须以成功告终。我们知道我们来到这个人世间是多么不容易的事情。

数以成千上万甚至亿计的精子参加了巨大的战斗，然而其中只有一个胜出，而这位冠军就构成了我们中的一个生命。就是为了达到一个目标而进行的大规模的战斗，这个目标就是包含了一个微核的卵子。这个精子所争夺的目标比针尖还要小，而每个精子也是小得要放大几千倍才能为肉眼所见。然而你的生命最具决定性的战斗就是在这样的微型战场上进行的。

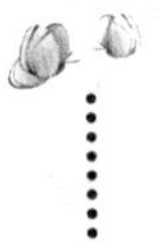

数以千万计的精子每一个头部都包含一个宝贵的负载，它由23个染色体所构成，正如同微核包含23个染色体一样。每个染色体都是紧密地串在一起的胶状小珠所构成。每个都包含数以百计的遗传因子，科学家们把人类遗传的所有因素都归之于遗传因子。精子中的染色体所包含的全部遗传物质核倾向是由父亲和他的祖先提供的，卵核中的染色体所包含的全部遗传物质核倾向则是由你的母亲和她的祖先所提供的。于是一个特殊的精子——最快、最健康的优胜者，同等待着的卵子结合起来，就形成了一个微小的活细胞。

我们每一个人来到这个世界都要经过这样一个漫长而复杂的过程，难道不应该为了自己能来到这个世界而感到自豪吗？

然而，这只是刚刚开始。作为一个活的生命，需要在母亲的子宫里发育成长10个月的时间。每一个时刻，都面临着流产的危险甚至成为怪胎的挑战，只有这一切战斗皆获大胜，才能最后如意。当生命开始的时候，你已经成为一名冠军，这种情况你以后必定还要面临。为了实现实际的目标，你已经在过去的巨大的积蓄中，继承了你所需要的一切潜在的力量和能力，以便达到你的目的。

我们每个人的成长过程中都会遇到很多障碍和挑战，但是我们要记住我们生来就是一名冠军了，现在无论面对怎样强大的对手，面临怎样的困难，都不及在成胎过程中克服的十分之一大。

记住我们每个人生来就是冠军。只有那些能够产生热烈的愿望以达到崇高目标的人，才能走向伟大；只有那些用积极的心态勇敢竞争的人才能成功。

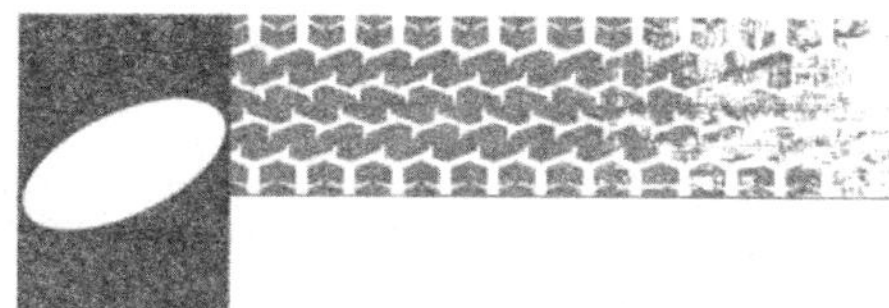

第九章

时间是反省：让人生不在迷茫

◎不断检点自己的内心

有一个年轻人去向一位一流的剑客请教剑术之道。

年轻人问剑客说："以在下的资质，练多久才能成为像你这样的一流高手。"

"至少10年。"

年轻人一听10年，觉得太过漫长，"如果自己加倍努力，多久可以成为一流剑客。"

"20年。"

年轻人一听还以为剑客说错了，就再重复说："如果我夜以继日，一刻不停地练习剑术，多久能成为一流剑客。"

"那你永远也成不了一流的剑客。"

年轻人生气地走开了，回去告诉自己的师傅，那位剑客和他的对话。师傅却不住赞叹："真不愧是真正的一流剑客。"想要成为一流的剑客，光埋头苦练，并不是快速成为高手的途径，而需要在前进的过程中，不断地反省自己身上的不足和缺陷，才能快速进步。

留一只眼睛给自己，剑术之道如此，人生之道也不例外。一个人生在这个世上，不管目标如何重要，不管生活如何舒适，千万别忘记给自己留一只眼睛，不断地透视我们自己的灵魂，检点自己的内心。只有牢牢地固守自己的内心不动摇，不迷失，我们才不会偏离自己正确的人生轨道。

◎懂得生命的珍贵才能反省自己

有这样一个故事，有位大书法家，每天教学生练习书法。有一天，一位学生对大书法家说：我每天都用旧报纸练习书法，但是不管怎么练，字总是长进不大。书法家听了以后微微一笑，对学生说，从明天开始你不要再用旧报纸练习书法了，改用新的白纸练习一段时间。学生不明白先生的意图，但还是照做了。

一段时间过去了，这位学生的书法竟然大有长进，字越写越漂亮。学生不知其故，又来问书法家，究竟是什么原因。书法家回答他，原因在于以前每天用旧报纸练习书法，是没有在心中认真对待，反正可以当成草稿。相反，当学生改用白纸以后，就在心里想机会难得，抱着正确的态度专心致志地练习书法，其结果当然不同。

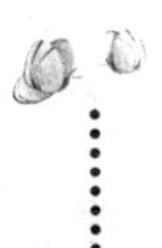

学会反省先要知道，生命不能打草稿。生命是极其短暂的，一个人抱什么样的人生态度去把握生命，直接决定着生命的质量。我们更喜欢用事先的谨慎来取代失败后的反省。凡事得过且过的，任意在人生的画布上涂鸦，到头来只会拥有更多的悔恨。

年轻的时候总觉得，生命无比漫长，而在空虚和无聊中渡过自己的一天又一天。我们不会觉得时间的宝贵，总把希望寄托在明天，不珍惜生命；对人生就像写字一样，往往不注重字写得怎样，而只是看花费了多少纸。

生命不应该打草稿，现实的生活其实也不会给我们打草稿的任何机会，因为我们所认为的草稿，其实就已经是我们人生的答卷——

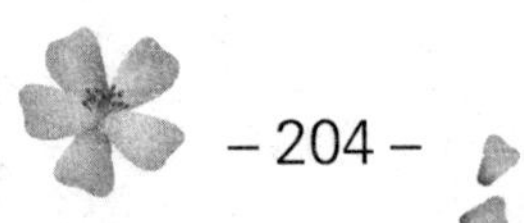

无法更改，亦无法重绘，所以我们要珍惜每一次机会，认真对待每一天。也许你曾直面过一次生命的消亡，亲人撒手西去，或是目睹路人死于一次意外的事故。这时，你会感到生命之弦的脆弱，感受到人生的无常。死亡的洗礼使你的心灵得到净化，你更加感受到生命之短暂，生命之宝贵，你会更加珍惜生活，珍惜生命的每一分每一秒。

奥斯特洛夫斯基说："人的一生应当是这样度过的：当你回忆往事的时候，能够不因虚度年华而悔恨，不因自己碌碌无为而羞愧。"季节可以重复，金钱可以重复，惟有生命不可重复。生命之于每个人只有一次。珍惜生命，摈弃苟且偷安，抓紧时间争分夺秒，待到硕果累累时，才会真正懂得生命的快乐。

懂得了生命的珍贵才懂得反省的意义。在人生的海洋中，我们都是赤裸裸的泅渡者。只有不断地修正航向，坚定意志，才能抵达生命的彼岸。除此之外，我们别无选择。

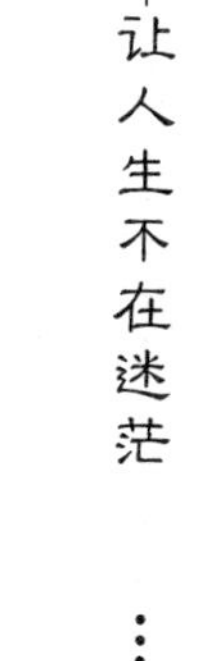

◎长线短线

一位长跑运动员参加了一个国际级别的比赛，他非常自信地以为自己一定能在比赛中得到冠军。前面的比赛中这名运动员一直领先，却不料在最后的一段路程中被一个原本落在后面的选手超越。在自己体力已经消耗殆尽，对手却在这个关键时刻发力。看着对手从自己身边飞快地跑过去，而自己却已经没有力气再追赶。结果他得了第三名，因为在他被第一个对手超过的时候，自己的心理防线已近崩溃。

他很沮丧，同时也很不甘心。他问教练自己在这比赛当中，到底是什么地方表现不好。他恳求教练找出对手在比赛过程中的失误。自己觉得他还可以跑得快，在下一次的比赛中一定能战胜对手。

教练拍拍他的肩膀，没有说什么。只是找来了一根粉笔，在地上画了一道线。画完他抬头要运动员在不能擦掉这条线的情况下，设法让这条线变短。运动员心情急躁，不知道教练和自己开什么玩笑。他百思不解，好好的一条线怎么能变短呢？

教练走开了，长跑运动员还是蹲在那里思考着将地上的线变短。“我知道了，我用手把其中的一段给遮盖掉，不就变短了？”教练笑着说：“不对，不对。你这样不是自己在欺骗自己吗？”运动员只好放弃思考，恳求教练告诉自己答案。

教练在原先那条线的旁边，又画了一条更长的线，两者相比，发现原来那条线看起来变得更短了。“要想夺得冠军，不应该依靠对手的不足，正如地上的长短线一样，只要你自己变得更强，对方正如原

先的那一条线一样，也就无形中变得较弱。如何使自己变得更强，才是你需要苦练的。”教练开口慢慢地说着。

短线和长线，其实是一个相对的概念。长线需要有短线做比较才能显出它的长来，短线只有在长线边上才会觉得它是短的。我们反省自己就要与对手或者身边的人做比较。当然，这个比较不是生活物质上的对比，而是自己工作和生活的方式上的对比，在对比中发现自己的不足和缺点。

不足和缺点有时候并不容易发现，而是需要有一定的座标才能让我们清楚地认识到。每一天，我们应该花一点时间去反省自己，分辨出其中可以改进和调整的地方。反省就是让自己不断充实的过程，

能比别人强当然是好事情，但是让自己走向成功的另一项法则，那就是谦虚。可以和人比，也可以和自己过去比，每天坚持进步，让自己在人格、智慧、行动上坚持不断充实，这是成功不变的法则。

◎穿越时空的小船

努力承受艰难，尽情品尝快乐，当有能力使事情更加接近完美的时候，就一定要尽自己最大的努力去做。

杰克10岁那年的夏季在外婆家，挪威西部一个山庄里度过。那段时间成为了他一生中最难忘的时光，外祖父乔根在他脑海里留下了最深刻的印象。

杰克一直以为人们所需要的东西都可以买得到，可是外祖父似乎想教给杰克另外一些重要的东西。有一天外祖父乔根对小杰克说“来，我有点东西给你。”他跟着祖父进了地下室，来到一个窗边的工作台前。“你该有个模型船。那样就可以带你到斯托瓦斯多尔湖中去玩了。”祖父笑着和小杰克说。杰克高兴坏了，连忙找模型船在哪里，可是什么也没有。外祖父乔根看出了小杰克的失望，拿起身边一块木头，“这就是船，相信你一定能把它做出来的。”接着又扔给杰克一把锋利的斧头。

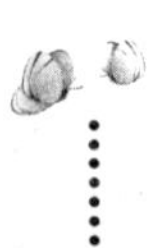

外祖父乔根接着说，“这一定会是一艘很不错的船，你将用你自己的双手做出船的每一个部位。而你自己做出来的东西任何人都给不了你。”杰克在外祖父地鼓励下开始了他的“工程”，那一阵子，小杰克完全痴迷了，祖母喊他吃饭他也没能听见。最后他做好了船身，并做了桅杆和船帆。虽然看起来并不起眼，对于杰克来说绝对是自己的骄傲。他带着自己的小船，真的来到了附近斯托瓦斯多尔湖边，把小船放到水中。一阵微风吹来，把小船吹到了对岸去。空气格外清新

而纯净，四周寂静无声，偶尔传来的鸟鸣声是那么婉转。

杰克要回美国去的时候，遇到了麻烦，因为不能带过多的行李，所以小船不能带回家。小杰克多次恳求，却还是不能改变母亲的决定。小杰克伤心极了，他最后一次来了斯托瓦斯多尔湖，看到了一块曾经在下面躲过雨的巨石。杰克决定把小船放进底部的空地，然后又用些石头将他隐藏起来。想着将来有一天再回来，重新拥有他的珍宝。

杰克走的时候和祖父道了别，他自己也没想到这一次离别就成了他们祖孙之间的最后一面。

过了许多年，杰克长大有了自己的孩子，他又一次来了挪威。他一个人步行来到了斯托瓦斯多尔湖寻找那艘小船，结果一看四周全是巨石，寻找的希望几乎为零。就在杰克决定折回的时候，忽然发现了一块巨石下堆着小石头。他小心翼翼地移开石头，将手伸进巨石之下，他摸到了什么东西。杰克忽然激动起来，他接着把那条小船拖了出来，捧在手中。

小船在那停泊了34年，等待着他主人回来找他。杰克没有把船带回家，而是在船上刻上了1930和1964的字样。因为杰克认为小船的家就在斯托瓦斯多尔湖的巨砾下，应该停泊在那里。

在那个宁静的湖边，杰克想起了他的祖父，在那个远离城市的农场中，他不知道疲倦的劳动，使他懂得了人们应该接受并感谢自己所拥有的一切，无论多少。小船成为了杰克成长路上的一个起点，让他明白了努力承受艰难，尽情品尝快乐，当有能力使事情更加接近完美的时候，就一定要尽自己最大的努力去做。他用自己的方式处理好每一件事情。

杰克的小船一直还在，而我们每个人成长过程中的小船又在哪呢？

◎每天都在改变自己

很多人都向我抱怨，生活为什么这么无聊，每天上班下班，要么每天上课下课，每一天似乎都是一样的过，没有一点新意，就在喊着空虚无聊中度过了每一天。现在有一部分大学生在学校的时候，玩网游，打麻将，看电视，靠这些来打发时间，其实很多人心中都不想过这样的生活。可是不这样似乎就找不到其他方式去消磨掉24个漫长的小时。他们在大学中虚度光阴，没有学到真正有用的东西，却在这种懒散的生活中养成了拖拖拉拉的习惯，这样的习惯甚至影响到了后来的工作和生活。

生活的惯性和自己的懒惰阻止了我对理想生活的向往，从而臣服于现有的状态。如果很难从原先的生活中改变，我们可以选择旅行，旅行总能让人在最短的时间经历最突然的变化，无论是空间的还是心理上的；崭新的东西势必与惯性的生活形成强烈的对比，从而使人容易产生很多新的想法。回归到固有的生活轨道上来，心情却怎么也回不去了。对理想生活的追求再一次冲破习惯的围墙，生活需要改变，不能做习惯的奴隶。

旅行只是用于改变生活的方法之一，其实很多时候还有更简单的办法。一场精彩的电影，一本有趣的书，一首动听的歌都会让我们这一天有所不同。曾几何时我已经练就了铜头铁臂，习惯了忙忙碌碌的生活。在忙碌的生活中挣扎着、梦想着、努力着、奋斗着。忙碌的节奏，所谓的成熟成为自己懒惰的借口。我们很多时候从心理上就拒

绝改变。几乎要我们自己的脑袋也变成了机器，只是机械地工作、学习。

为何不能尝试着每天拥有不一样的感觉，生活需要改变，需要用心去创造乐趣与感动，这样的生活才能丰富多彩。我们总是希望生活向着更好的方向而去，每天有所改变，一段时间发现结果可能大不一样。因为在每一天的小小改变之中，我们都在进步，每一个小小的进步都成为我们最后达到理想的筹码。要求自己改变是一种智慧，容忍别人的改变是一种气度。要想结果不一样，自己就得每天不大一样。

◎寻找平静

富有的农夫在巡视谷仓的时候，不慎将一只名贵的手表遗失在谷仓，他在广阔的谷仓内遍寻不获，于是定下赏金，要农场上的小孩到谷仓帮忙寻找，谁能找到手表，就给他50美元。

小孩们在奖赏的诱惑下，没有不卖力四处翻找的，谷仓里全是成堆的谷子，以及散置的大批稻草，要在这当中找寻小小的一只手表如同海底捞针。小孩们忙到太阳下山仍然没有收获，一个接一个地放弃了50美元的诱惑。因为他们想到了家里有着可口的饭菜在等着自己。只有一个贫穷的孩子，在大家都离开了以后，仍然没有死心。他觉得手表一定在某个谷仓中，而自己总能把它找到。

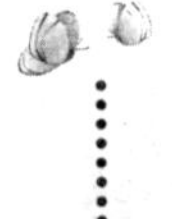

太阳慢慢地下山了，所有的孩子都回去了，只有那个穷孩子还在翻着谷堆。谷仓慢慢变得漆黑，小孩虽然害怕，但是他没有放弃，还是努力寻找。天黑了下来，月亮也升了上来。小孩就借着月光继续寻找。

四周变得静悄悄，一点细微的声音在这个时候显得特别响亮，偶尔有老鼠跑过的声音大得就像骏马奔腾而过。小孩灵机一动，就是在这个安静的谷仓中，只要手表还没有停止走动，就会发出声音，而这声音能让他判断手表的位置。于是他竖起自己的耳朵，寻找手表发出的滴答滴答声。

当他觉得那滴答滴答的声音越来越清晰的时候，心跳的声音却越来越重。小孩就循着声音，终于在偌大漆黑的谷仓里找到了那只名贵

的手表，他如愿得到了50美元。

单纯和专注是成功法则中极为重要的两项态度。在心静下来以后，当周围环境不再喧嚣和复杂的时候，我们就能轻松地面对自己的心灵，发现真正想要的东西。反省需要一个安静的心境，没有来自外界的批评和责备。让我们自己静下来，专注而单纯地思考着自己的失误和不足，我们就能听到那清晰的滴答滴答声。

学会忘记周围的声音，只听到自己简单纯真的心声，反省需要先找到内心的平静。

◎自己能做到的

有一位住在深山里的猎人没有鞋，他的脚经常被锋利的石头和山上的荆棘刺破，弄得鲜血淋淋。猎人的妻子很心疼，一边给他包扎伤口一边说：“要是给所有的铺上动物的皮毛那有多好。”猎人笑笑说：“那怎么可能，那得需要多少张毛皮，我打一辈子猎也不可能打到那么多啊？”妻子因为想不出什么办法来保护丈夫的脚而伤心不已。

但是聪明的猎人在妻子的话中得到了启发，他高兴地对妻子说：“脚受伤是因为脚皮太薄，如果你在我的脚上包上一块动物的皮毛，那么锋利的石头和荆棘就无法刺破我的脚了。”他们都为想到了一个好办法而开心不已。

妻子马上找来了一块坚韧的动物皮毛，把它裹在丈夫的脚上。猎人穿着十分舒服而且在寒冷的天气里异常温暖。从那以后，猎人都是脚上缠着皮毛去打猎，山上的石块和荆棘很少能伤到他的脚了。

生活有时候也如此，我们无法把所有的路都铺上皮毛，但至少可以裹住自己的脚。我无法得到人间所有的幸福，却可以得到所能得到的满足，这个世界诱惑太多，我们不可能实现所有的愿望，满足所有的需求，的确有些事情我们很难做到，可是很多事情我们力所能及。

花一点时间，去分辨自己能做到的事情，然后尽力去做。不要在不能做到的事情上浪费自己的时间和精力，这是反省的意义。如果猎人想办法去把整个山上的道路都用毛皮铺垫起来，那倾其一生也是徒劳。

你无法阻止鸟儿从你的头顶飞过，但却可以阻止鸟儿在你头上筑巢。

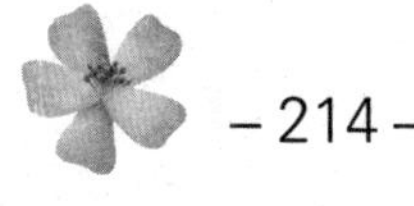

◎淡定从容是一种心境

淡定从容是一种心境，范仲淹先生的“不以物喜，不以己悲，居庙堂之高则忧其民，处江湖之远则忧其君”成为我们的楷模。得意时，不必彻夜狂欢；失落时，更无需寻死觅活地悲伤。面对别人的夸赞和外来的诱惑，能保持清醒的头脑，付诸一笑；面对朋友的背弃，希望的破灭也不会有过多的痛苦，淡淡的，不会为打翻的牛奶而永远哭泣。

西方哲学家蒙田曾告诫人们：“最艰难之学，莫过于懂得自自然然过好这一生。”而淡定是一种人生智慧，也是一种生活态度。它帮助我们自然地度过这一生。

面对困难、面对环境更能体现出从容的美丽。有的人在失败的困境中悲观绝望，而有的人总能在失败中找到力量，因为他们从容。从容的人，他们不为日常琐事而计较，不为生活的压力而焦虑，不为现代人儿女情长的善变而烦恼忧郁。因为从容，他们才能宠辱不惊。

委屈时，他们躲在房间品味《命运交响曲》的强劲有力；失意时，他们用笔记录潮起潮落的心绪，寄给自己或者远方的亲友一同勉励；挫折面前，他们告诫自己重新振作，适应新的处境；苦难面前，他们命令自己跨过颓废，去拥抱新一轮的太阳。

从容随意的人总是善待别人、善待生命。寒冷的冬日，他们将安慰的话语送给沮丧的同事；落日的黄昏，他们可以把省吃俭用的工资凑给不幸的朋友。

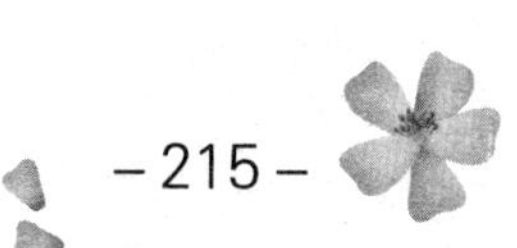

从容随意的人是水，随着时代的进步，要不断地调整生活的节奏。在山涧小溪，他们是单纯清澈的水滴；在飞天瀑布，他们是奋不顾身的飞花碎玉；在浩瀚的大海，他们又如汹涌的波涛一次次朝礁石撞击。

从容随意的人又是画，一幅清新隽秀的山水画。无论外界风卷云涌、世事变迁，内心总是一派处事不惊、安详宁静的意境，最美是从容。

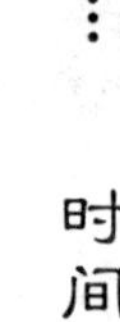

◎失败并不可怕

根据美国《财富》杂志报道：1993年，克莱博恩公司成长率几乎等于零。利润缩小，股价下跌。这家营业额高到27亿美元的美国最大女性成衣制造厂商，究竟发生了什么事情。究其根源，就是多元化的经营太过广泛。

简单地说，多元化经营就是在不满足原有的业务范围的时候，开发新的业务。如制造糖果的公司转而去开发牛奶生产，这样的例子很多。因为面对巨大的利润诱惑，很多大公司都会选择多元化经营。很多公司从中取得了巨大的成功，而也有很多的公司在多元化的道路上越走越远。

克莱博恩公司从原先针对职业妇女的合乎时尚的衣着，一下子扩充到大尺码服饰、小尺码服装配饰、化妆品、男士服饰等等。这样一来，企业不但在新业务中没有得到实惠，原有的主要业务上有所减退。

克莱博恩公司面临过度多元化经营的问题，该公司开始无法掌握核心产品而又生产出大量不符合市场需求的产品，不少客户移情别恋，最终导致销售快速下滑，公司出现严重亏损。

新任董事长杰罗上任以后，重新把经营重点放在了职业成衣上。为了重新适应消费者的需求，杰罗强调时装的新颖性、流行性以及质量的良好性。这些价值观，使得其在众多百货公司很快创造了独占鳌头的销售佳绩。

反省是为了找出问题的症结，如果发现错误就得立即改正。不拘泥于陈规陋习，大胆地做出改变。有时候，我们明明知道自己错了，但是却因为面子等问题，不愿意承认错误，其实大可不必。工作如此，生活也如此，固步自封的人迟早要被竞争所淘汰，只有勇于改变，勇于承认自己错误的人，并及时改正错误的人才能笑到最后。

为了胜利，吃回头草又何妨？

失败的清单：

22岁，生意失败；

23岁，竞选州议员失败；

24岁，生意又一次失败；

27岁，精神崩溃；

29岁，竞选议员失败；

31岁，竞选选举人失败；

34岁，竞选参议员失败；

39岁，国会议员连任失败；

46岁，竞选参议员失败；

47岁，竞选副总统失败；

49岁，竞选参议员再次失败；

51岁，林肯才竞选上了美国的总统。

这是一个长长的失败清单，当有人拿林肯在竞选参议员屡次失败的过去来打击他是个永远的失败者时。林肯淡然一笑说："我们的人民只会永远选择虚心接受教训的人。"林肯就是这样把每一次的失败与挫折都当作一次教训与经验的积累。

面对失败最重要的是先要告诉自己，要想成功必须经过失败的洗

礼，在失败了以后不要怨天尤人，而是应该找一个安静的角落静静地分析自己的失败。反省是成功振作在自己的第一步，勇敢地迈出这一步，才能走出失败的阴影，失败才能成为过去。

被失败打倒后，在无奈中苦苦徘徊，在犹豫中踯躅不前，在无尽的告白中诉说泥泞与坎坷。真正的强者，是在挫折、失败与磨难中品味生活的味道，在挫折和磨难中体会平淡的含义的人。没有不带伤痕的忘记，只有重新开始的勇气。

失败并不可怕，可怕的是在失败以后不知道反省自己的错误或者不足，而将原因归结为其他，最后告诉自己命不好。很多我们眼中的成功者，都是曾经的失败者，但是他们最后能成功是因为他们能在失败中吸取教训。让失败成为他们继续前进的砝码。

不妨给自己列一个失败的清单，失败了不要紧，冷静地反省，之后要能调整自己，不断进取。请记住：失败只有一种，那就是半途而废。

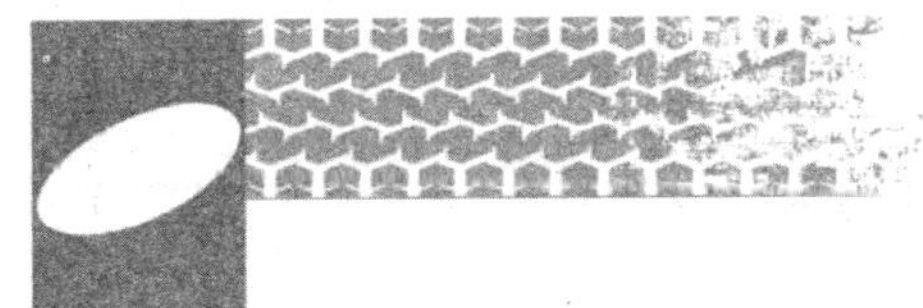

第十章

时间是计划：成功生活的要诀

◎凡事预则立，不预则废

孙子曰："故知战之地，知战之日，则可千里而会战。"意思是说，只要事先能预知与敌人交战的地点，能预知与敌人交战的时间，那么即使是长途跋涉，也可以与敌人交战。计划的重要从来都是被人们重视的，大到一个国家的计划，小到一个人几天内的计划，都是对事件的一个设想。有时这样的设想可以帮助我们很好地处理出现的问题。

A公司有间仓库要出租，仓库的东立面因为政府修理河道拆掉了，还没有修好，而有一个物流公司急需要使用仓库就搬了进来。A公司负责仓库的人在签约的时候答应尽快修理好仓库墙的东立面，可是由于种种原因，修理墙面的事情一直没有解决，一拖再拖，也没有把那堵墙给垒上。

结果A公司为自己的大意付出了沉重的代价。一天晚上下起了罕见的大雨，仓库里货物几乎暴露在大雨之中。虽然公司人员赶到现场抢救，但是还是没能避免货物严重的损失。大雨给物流公司直接造成了巨大的经济损失，而作为主要责任方的A公司不得不负责赔偿物流公司的损失。

因为A公司没有预见，在当地的这个时期是容易发生洪灾的非常时期，没有把不利因素充分地重视起来。如果A公司的负责人能预见性地说明仓库东立面的修建困难，跟货运公司表明自身的担忧和问题。如果在这样的条件下，货运公司还是坚持要把货物存放到仓库中，A公司

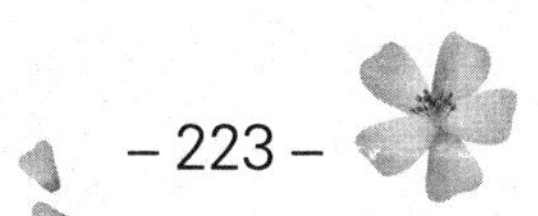

的责任就轻了许多，免去了眼前的麻烦，这样也是对客户的负责。

生活中有许多大大小小的事情，需要我们计划预测，这样有利于我们规避可能出现的问题，至少能做到心中有数，当问题真正出现的时候胸有成竹。这样也是负责任的态度，尽可能地让事情如自己预想的方向发展。不要眼光只看到眼前，要往前看，可以换个位置，站在对方的立场上看会如何，这样考虑问题也就周全许多了。

要想提高自己成功的概率，就必须学会计划。战神拿破仑曾说：“凡事都要有统一和决断，因此成功不站在自信的一方，而站在有计划的一方。”

◎规划好一生的理财计划

财富对于每个人的一生来说都意义非凡，我们总是梦想着有一天能过上富足的生活。但是由于我们很多人都没有恰当的致富计划，很多时候我们就像无头苍蝇撞来撞去，这成为大多数人对现有财富状况不满的重要原因。

对于财富的追求，虽然有强烈的愿望驱使，但是缺少计划，缺少目标，这样我们就很难坚定地前进。专家指出：在人的一生当中，从20~40岁是累计财富阶段，40~50岁是巩固财富阶段，而50~90岁是消耗财富阶段。从20~90岁，人的事业性收入呈递减趋势，而理财收入却应该是递增的，随着年龄的增长而不断增加，因此理财规划越早着手越好。

所以各个年龄应该制定各自的理财规划：20~25岁，控制开支，养成良好的消费习惯，每月拿出总收入的30%用来储蓄；25~35岁，控制债务，房屋按揭不要超过10年，增加储蓄金额，买些保险；35~45岁，是投资的黄金期，不要闲置资产，除了必要的保障和开销，应加大投资股票、基金、债券、地产的份额，保证每两年做一次重大的投资决定；45~55岁，争取投资占总收入的30%以上。

在书店里有着各种各样的书教人如何理财，如何投资。理财规划师作为新兴职业越来越受到人们重视。理财不是守财奴式的简单积累，而是聪明人的一桩事业。个人生活，除了要有一个好的人生目标规划外，也要懂得如何应对人生各个不同阶段的生活所需，而将财务

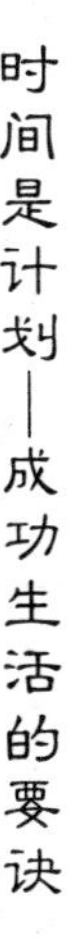

做适当计划及管理就更显其必要。理财是一辈子的事，应该及早认清人生各阶段的责任及需求，制订符合自己的生涯理财规划。

俗话说“你不理财，财不理你”，并不是只有很多钱的人才谈得上理财。对待财富的态度和方式，是一个人需要一直学习的生存技能之一。理财就是规划财富的过程，只要有了计划，并严格按照计划执行，适当地作出调整，我们都能达到理想的财富水平。

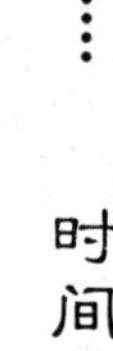

◎为自己定位

比利时一家杂志，曾对全国60岁以上的老人做过一次问卷调查，调查的题目是：“你最后悔的是什么？”结果，有67%人后悔年轻时错误地选择了职业。

每个人都有各自的才能，我们身上的才能就像是我们的天职，我们做什么？是生命的质问，如果一个人位置不当，用他的短处而不是长处去生活，他就会在永久的卑微和失意中沉沦。

职业对于我们的重要可以用下面这个比喻来形容。就像要把一块方的木头塞进一个圆孔里一样别扭，在这样的情况下，我们有两种选择，找到一个方孔，也就是变换自己的环境，使其适合我们的需要；或者就是把自己改变成一个圆的木头，去适应环境。

很多人会选择后者，选择改变自己去适应环境，似乎这样的成本更低，更何况环境是很难改变的。但是随着时间的流逝，在一个不合适自己的环境中削圆自己，适应环境，也许他们因此能比较舒适地生活，但是很可能和原本属于自己的成功失之交臂。

“瓦特，我从没有见过你这么懒的年轻人。”他的祖母这么对小时候的瓦特这么说：“念书去吧，这样你才能有用一些。我看你有半个小时一个字也没有念。你这些时间在干什么？把茶壶盖拿起又盖上，盖上又拿起这是干什么？你用茶盘压住蒸汽，还在上面加上勺子，忙忙碌碌的，浪费时间玩这些幼稚的东西，你不觉得羞耻吗?”

祖母不止一次地教训瓦特，让他老实点念书。幸亏这位老妇人的

教训失败了，全世界从她的失败中受益不浅。

伽利略是被送去学医得的，但当他被迫学习解剖学和生理学的时候，还暗藏着欧几里德几何学和阿基米德数学，偷偷地研究复杂的数学问题。当他从比萨教堂上发现钟摆原理的时候，他才18岁。

英国著名将领兼政治家威灵顿小的时候，连他母亲都认为他是低能儿。他几乎是学校里最差的学生。别人都说他迟钝、呆笨又懒散，好像他什么都不行。他没有什么特长，而且想都没想过要入伍参军，在他父母眼里，他的刻苦和毅力是他惟一可取得优点。但是在他46岁的时候，打败了当时世界上最伟大的将军拿破仑。

我们应该问一问自己到底要做什么，很多大学刚毕业的青年虽然对未来充满了向往，但是普遍的问题就是对自己定位不清，在网上海投简历，成为了面试多次的“面霸”，而刚刚参加工作，或者不断地从一家公司换到另一家公司。有一位工作不久的小姑娘，在不到3年的时间里跳槽了8次，却仍然无所适从。许多的朋友都有过类似的经历，总是怀疑自己付出的努力得不到好的结果。

我们对自己定位不清是因为我们对自己不够了解。专家对定位作了比较深刻的研究，提出了很多科学的建议。要彻底分析自己，准确评价自己，对自己的性格，个人能力，专业技能，思维能力等各方面全面考虑清楚。

首先要“定向”，方向错了，距离目标就会越来越远，还要重走回头路，付出较大的代价；其次是“定点”，就是在个人发展的地点比如有些人毕业选择去大城市，有些选择到中小城市发展，有的选择去边疆、大西北。这主要是从个人的情况考虑。最后是“定位”，要对自己的水平、能力、心理承受能力等进行全面分析，越全面越好。

不悲观，把自己定位过低；不高估自己，期望值过高。

做好定位以后循序渐进，逐步积累经验，谋求更好的发展。

◎做出正确的决定

当你在今天做一个崭新、认真且坚定不移的决定时，你的人生就会在那一刻发生变化。

苏秦从鬼谷先生那儿学成回家，准备出游列国，可家中没有足够财产支持他的行动。于是他就变卖了一些家产，做为出行的盘缠。

他的父母、妻子以及兄嫂，都极力反对他，试图改变他的想法。嫂子说："你如果不想在家种田，就去做点小本生意，也能赚点小钱贴补家用。可是你现在却想去卖弄口舌，靠夸夸其谈来博取财富。你一定想清楚了，现成的钱你不赚，去追求那些虚无缥缈的富贵，将来混不下去了，可别怪我们没有提醒你。"父母和妻子也随声附和。可是苏秦没有改变，做出了自己的决定，并坚持了下来。

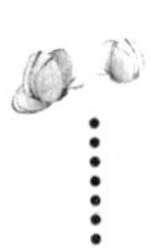

后来苏秦以连横之说联合六国，身佩六国相印。有一次经过家乡的时候，随行的车辆马匹满载着行装，各国派来的送行的使者前呼后拥，锦旗飘飘，遮云蔽路，连绵20里不绝。周显王听到这个消息，急忙派人清扫道路，并派使臣早早在郊外迎接。

苏秦对家人感慨地说："假如我当初在家经营几亩田地，或者去洛阳市场上做生意，如今我哪里还能像现在这样风光。"

还有谁会想到当年印度圣雄甘地，一位温和谦逊的律师，凭着决定和胆识竟然率领印度人挣脱大英帝国的统治，结果引发了其他殖民地国家的效仿，整个改变了国际政治格局。

一个认真的决定不是随口说说便了事，它代表除了这么做以外不

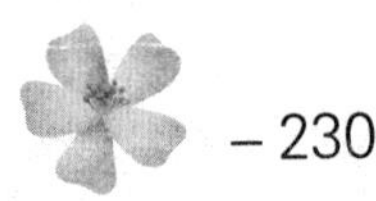

做其他考虑。就像说如果决定戒烟，就表示从此决不碰任何一根烟，就是在任何情况下都不考虑破戒。

如果是一位具有这样决定“水准”的人，相信必然能成为一个强者。曾经酗酒过的人都晓得，哪怕是戒酒多年，只要他存心想试探自己的定力而痛饮一次，就极有可能再沦为酒鬼。

当我们认真做了决定后，不管这个决定是经过几番煎熬，大部分的人都会如释重负之感，内心在轻松不过了，像这样的决定能够给人真正的力量，做出真正想要的结果来。遗憾的是，我们很少有人认真做出这样的决定，这是因为太久没做而已，不知道怎么去做。经常地去锻炼它，当你锻炼的越勤，就越能做出好的决定。你要从每次所作的决定中寻找教训，日后做出更好、更准确的决定。

◎要有明确的目标

设定一个合适的目标就等于达到了成功的一半。目标明确，成功的动力才能源源不断，明确目标是成功的第一步，也是最重要的一步。

假设有两个人一起爬楼梯，一个要爬到6层，另一个要爬到12层，当爬到6层的时候，第一人已经累得不行了，连连说自己再也爬不动了。而那位要爬到12楼的人则仍然有力气向上爬，因为目标在暗示着他，离12楼还有一半，现在不能停下来，一定要鼓起劲继续向上爬。

有个男孩出生在一个杂技演员家里，他从小就经常跟着父亲到处跑，一个剧场接着一个剧场地去演出，由于经常四处奔波，男孩学习成绩并不出众。

有一次，老师布置作文，题目是人生的理想。男孩子很兴奋地描述着自己的理想，那就是想拥有一座属于自己的剧场。他洋洋洒洒地写了10张纸，他仔细画了一张设计图，上面标有舞台、观众席等等，甚至在剧场旁边造出了一幢酒店，用来接待那些著名的剧团。

他满怀希望地将这个蓝图交给老师。可是同学们看到后，就笑话他。这根本不是理想是白日梦，没有钱，也没有家庭背景，可以说什么都没有，盖座剧场是个需要花很多钱的庞大工程，要花钱买地买设备和请剧团，简直就是白日做梦，还是写个比较靠谱的理想比较好。

父亲看了他的理想，鼓励他说：“儿子，这是非常重要的决定，你应该有你自己的主意。”于是男孩子把这份作文好好地保存了起

来。

30年过去了，城里来了一个著名的杂技剧团，大家都去看了精彩的演出，当年的孩子们都已经长大，他们都带了自己的孩子去看杂技表演。他们发现剧团的团长就是他们曾经嘲笑过的那个要建自己马戏团的男孩子。他们也许忘记了，但是马戏团的设计就是按照当年的作文而建造的。

目标是修建成功大厦的蓝图，目标不仅仅是追求的结果，而且在整个人生的旅途中都起着十分重要的作用，目标是成功之路的里程碑，它所起的作用是十分积极的。目标是自己努力的依据，还是不断进取的鞭策。

制定和实现目标就像一场比赛，随着时间的推移，实现了一个又一个目标，在不断进步的过程中，自己的思考方法和工作方式就会渐渐改变。目标应该是具体，可以实现的，如果目标不具体，就无法衡量你的计划是否实现了，这样就打击了自己不断创造进取的积极性。

因为目标是动力的源泉，如果无法知道自己向目标前进了多少，就会泄气，并可能半途而废。

◎你的目标，是你特定的

约翰出差从纽约到波士顿，他到机场买完票等着上飞机，还有几分钟的空闲。于是，他走向旁边的一个体重计，踏上去，扔了一枚硬币进去，屏幕上显示了两行字：你的名字叫约翰，体重是一百八十八磅，而且你正要搭乘两点二十分到波士顿的班机。

约翰感到好玩极了，这玩意说的和真实情况一字不差，他大吃一惊。他再次站上去丢了一枚硬币，屏幕上又显示两行字：你的名字仍然叫约翰，体重仍然是一百八十八磅，而且你仍然得搭乘两点二十分到波士顿的班机。

约翰一下子来了兴致，这个聪明的机器让他有点困惑。他想到了一个办法，决定试一试，愚弄一下这个体重计。他走近更衣室，换了衣服，重新踏上体重计，并投入硬币。屏幕上还是出现了两行字：你的名字仍然叫约翰，体重仍然是一百八十八磅，但是你已经赶不上两点二十分到波士顿的班机了。

这是个笑话，我们在生活和工作中同样会犯这样的错误。在我们向目标前进的时候，因为一些无足轻重的事情，影响了整个事情原先的计划。有的人做事东一榔头西一棒子，到头来却发现把正事给耽误了。

在管理学上，有一个著名的手表定律，当一个人有一只手表的时候，他很简单地就知道现在的时间，而如果他有两只不同的手表，却无法确定时间。两只时间不一样的手表并不能告诉一个人更准确的时

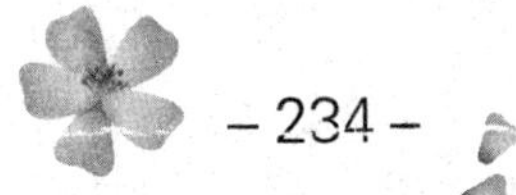

间，反而让看表的人无法确定，失去了对准确时间的信心。

计划也如此，如果计划中目标不一致，或者有两个以及更多目标，往往减弱了计划的作用。古希腊哲学家说，首先，要有一个明确的构想；其次，用任何可行的方式，诸如智慧、金钱、物质等方法来执行计划；第三，调整所用的一切方法，以达到成功。

确定计划，要尽可能地避开一切干扰，不要让别人打断思路。找一个安静的地方，带上笔和纸：

1. 我具备什么样的才能；

2. 我的激情在什么方面；

3. 我的经历有什么不同的地方；

4. 我希望何种需要得到满足。

类似的问题可以帮助我们完成自己的人生计划。明确地将目标和计划写在纸上，然后开始行动。

◎分段实现你的计划

实现计划就可以称为成功，成功不单单是一个结果，而是一个慢慢实现目标的过程。目标不是孤立的，人有许多目标，如果各个目标之间完全分离，没有联系，最终成功的效果可能并不明显。古人言：不谋全局者，不足与谋一域；不谋万世者，不足与谋一时。成功应该是一个大目标体系，人生的总体目标领导下的各个远中近期目标。大目标之下的各类中小目标。每个小目标都是人生目标的分解，都是大目标的缩影，而每一个小目标的变化和调整，都会对目标体系产生影响，这样，各个目标产生的就是相乘效果，雪球效应。

人生的目标可能需要10年、20年，甚至终生为之奋斗。这样的大目标是难以精确详细的，尤其对经验不足、阅历不深的年轻人来说，更是如此。事实上，随着成功经验的增加以及阶段性的中短期目标的实现，你会站得更高。这样，你对人生目标的确定就逐渐清晰明确起来。计划起自己的人生也就变得轻松容易。

而短期的目标既有激励价值，又要现实可行。心理学家已经证明，太难或者太容易的事情都不具有挑战性，也不会激发人的热情。中短期计划是现实行动的指南，如果低于自己的水平，干些不能发挥自己能力的事情，则不具有激励价值。但是高不可攀，拿不出一个合适的计划，则会挫伤积极性，反而起到消极的作用。

1985年，在东京国际马拉松邀请赛中，名不见经传的日本选手三田本一出人意外地夺得了世界冠军，当记者问他凭什么取得如此惊人

的成绩时，他说了这么一句话：“战胜对手凭的是智慧。”

当时很多人认为这个偶然跑到别人前面的矮子选手是在故作深沉，故弄玄虚。马拉松赛是体力和耐力的运动，只要身体素质好又有耐性就有望夺冠，爆发力和速度都还在其次，说靠智慧取得胜利实在有点让人匪夷所思。

两年后，意大利国际马拉松邀请赛在意大利北部城市米兰举行，三田本一代表日本参加比赛，这一次他又获得了世界冠军，记者又问了同样的问题。三田本一性情木讷，不善言谈，回答记者还是上次那一句话：靠的是智慧。这次记者没有挖苦他的意思，只是更加不解和好奇。

10年后在他的自传中，问题得到了解答，在书中他这样写道：每次比赛之前，他会乘车把比赛的线路仔细看一遍，并且把醒目的标志画下来，比如第一标志是银行，第二个标志是一棵大树，第三个标志是一个蓝色的房子。这样一直画到比赛的终点。比赛开始的时候，我以最快的速度冲向第一个标志，接着还是以最快的速度冲向第二个终点。40公里外的终点被分解为这么几个小的目标，轻松就完成了整个比赛。起初，并没有意识到小目标的作用，当他把目标定在40里外的终点线上的时候，结果他跑不到一半已经疲惫不堪了，他被前面那段遥远的路程给吓倒了。

我们不妨也学着三田的智慧，把我们人生的大计划，分为若干个小计划，再努力一点点地完成自己的小目标，这就离我们的大目标近了一点。完成一个小计划之后再激励自己完成下一个小计划，回头看的时候，发现自己已经走了好远。

◎量化人生

曾有人做过一个试验，组织三组人，让他们分别沿着三个10公里的道路向同一村子步行前进。

第一组人不知道村庄的名字，也不知道路程有多远，只告诉他们跟着向导走就行了，刚走了两三公里就有人叫苦喊累，有人几乎愤怒了，他们抱怨为什么要走这么远，何时才能走到，走了一半的时候甚至有人不愿意再走了，越往后走他们的情绪越低。

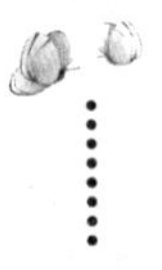

第二组人知道村庄的名字和路程，但路边没有里程碑，他们只能凭借经验计算行程和距离。走到一半的时候，人们就开始讨论他们已经走了多少路，有的人说大概走了一半的路程，有人说走了三分之一的路程。大家还是簇拥着向目的地走去。当走了四分之三的时候，大家情绪低落，觉得疲惫不堪，没有人知道真正走了多少路程，只觉得目标似乎远不可及。

第三组队员不仅知道村庄的名字、路程，而且在每一个公里就出现一块里程碑，人们每前进了一段就知道自己离目标还有多少距离。队员们边走边看里程碑，每缩短一公里大家便一阵快乐，心中又轻松了许多。他们甚至在路上唱起了欢快的歌曲，大家都没有疲劳的意思，情绪一直很高涨，结果第三组最先到了目的地。

人生就如同一个不断前行的旅途，我们在每个时候都会有自己要到达的目的地，目的地就是目标，我们通过生活和工作去实现这些目标。我们把计划清楚地表达出来，尽可能量化计划中目标，这样能帮

助我们集中精力，用最好的状态发挥出最佳的效率。表达自己计划的时候，我们用梦想和个人信念作为基础，有助于把计划定得具体，且具有现实可行性。

计划能产生作用的关键秘诀在于明确，计划的目标必须明确，目标不应该是某种抽象描述的生活方式，而能用数字、时间等清楚表示的具体事情。只有量化了才能测定，可以测定才能积累。

人生计划不是一蹴而就，而是一个不断前进的过程，计划中一个个量化的标准，如同前进路途中的里程碑和加油站。每个量化的标准都是一次评估、一次安慰、一次鼓励、一次加油。

计划中量化标准对成功有益，能否量化，是目标与空想的分水岭。很多时候，我们不是缺少进步的想法和美好目标，而是缺少坚持的毅力和决心。要实现人生目标，首先需要决心和毅力，而其中也有许多让我们坚持的技巧。

当我们把一个长远的目标清楚地表达出来的时候，就需要指定一个明确的计划，明确的计划中就必须要有量化的标准。当我们按照计划中的标准，一步步地向目标前进的时候，我们会充满力量。失败只有一种，那就是半途而废，量化自己的目标计划，为的是让我们坚持到最后的胜利。

◎成功就差零头

李总和黄总都是房地产开发商人，他们私底下还是朋友，最近因为都想开发同一房产项目而成为了对手。因为他们都要为这个项目去当地最大的一家银行贷款，而这家银行对贷款要求十分严格。李总的公司和黄总的公司在实力上并没有太大的差距，而谁能得到这一笔贷款决定着谁能赢得这个项目的开发权。

两家公司都对这个项目做了详细的计划，李总的公司计划向银行贷款1.2亿美元，而黄总的公司向银行贷款1.2012亿美元。最后黄总的公司拿到了银行的贷款，而拒绝了李总的贷款请求。这其中的一切竞争都是公平的，在银行主任看来，黄总的计划更为细致，其预算体系具体且考虑更为周全，说明黄总的公司工作更为认真仔细，成功的希望更大。

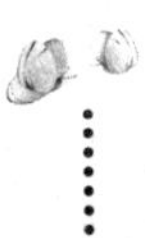

从这个故事可以看出，一个周详可行的计划对于成功的重要性，也许成功就因为计划中不惹人注意的细节。

专家对设计现实可行的人生计划提出了下面几方面意见：

1. 把你在确定自己人生理想的时候写下的东西温习几遍。温习能帮助你再思索，以你写下的人生理想为基础，写出一份意思明白的描述。描述尽可能简单，但要包括你想做的一切。描述应该包括：人生重点是什么？我为什么想做这些事情？我打算怎么样做到这些事情？

写好了目标描述后，最好在最初几周每天看一次，看看这份描述是否能准确地代表人生目标。

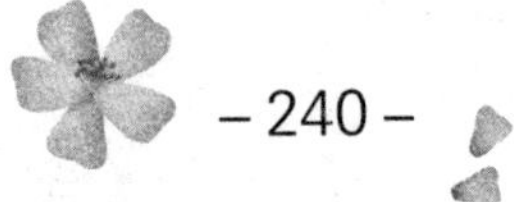

2. 花几个小时来检验一下自己，看自己是否能达到确定的远大目标。你可以从人生的总体目标开始，找到现实人生总体目标所必须达到的那些主要目标。你大概会想出数百个主要目标，但是你必须花一些时间仔细检查这些人生主要目标，看你是不是真的觉得他们很重要。

3. 花一个小时的时间把每一个具体的目标仔细地阅读一遍，阅读的时候，可以把一个个人生目标分解成几个必须达到的中长期目标，甚至将其分解为每周、每月可以执行的任务，这些活动将成为你描绘成功的蓝图。

4. 这样处理过的人生计划之后，你就会懂得成功必须做什么，把每天、每周、每月的活动组织一下。

5. 评估目标。确定你的目标是否现实，弄清哪几个目标是需要与别人合作才能达到的，记下需要别人帮助的目标，以及可能给你帮助的人。

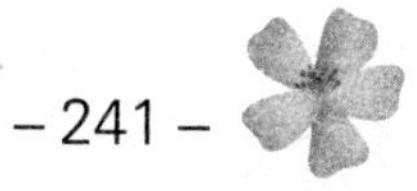

◎行动中去完善

如果要漂亮行动，必须事先有所准备，但是有许多达成目标的所需的计划、准备以及策略规划工作，往往等我们上路，才能进行。我们对于计划需要有类似热导飞弹的弹性，让自己在追求目标的过程中，得以及时视实际状况而改变计划或者调整焦点。

坏的计划比没有计划更加糟糕。实施一个计划会对我们有所改变，而我们必须具有调试能力，可随时修正、改进这个计划。着手做事，不论对错，都会得到反馈，而这些反馈的信息，大多是我们追求成功最初阶段时候，所无法获得的重要参考，在实际行动之后所产生的新资讯，不仅仅能充实我们既有的策略，补足若干先前未曾发现的细节内容，或者还可以指明我们应调整的方向。

“不许修改的计划是坏计划”人生的很多事情相当无奈，每个人在展开新历程之时，都无法了解自己究竟走向什么地方，无法完全清楚，究竟该如何达成目标。

我们边走边学，假如愿意调整方向，则这些新学到的东西会颇有助益。除非我们踏上追求目标的奋斗旅程，否则有一些资讯永远无法在事先的计划中被想起。行动中出现的信息，在我们努力清扫路途障碍的过程中，绽放光芒，发挥作用。惟有在我们按计划向着目标前进的时候，才能在新的资讯中解读出新的机会。

有一些东西，远看很眩目，趋近一看，却平平常常；有些东西远看似乎混沌，但越近看越见光彩夺目。人生旅途的景观一直在变化；

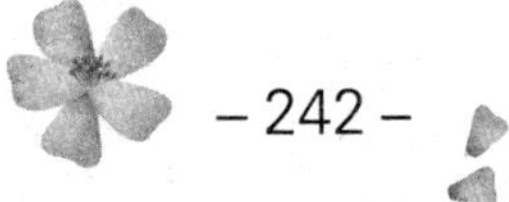

向前跨进，就看到与初期不同的景观，在上前去又是另一番新的景象。随着自己的知识和经验不断增长，也许我们会发现，早期的人生计划在不知不觉中拓展了。

好些在世界上成就过大事业的人，他们伟大的力量、广阔的心胸、丰富的经验都来自奋斗的结果，是在挣脱不自由、不良的环节，斩除束缚它们的桎梏，求得教育，脱离贫困，执行计划，实现理想的种种努力中获得。在人没有将他生命中最高、最好的发挥出来，没有将他的天赋才能充分发展以前，他的生命不是幸福、快乐的。不管他处境怎样，能够制胜的人总是：不断尝试，不断改进，不断行动。

在计划好之后，先投入战斗，然后见分晓。

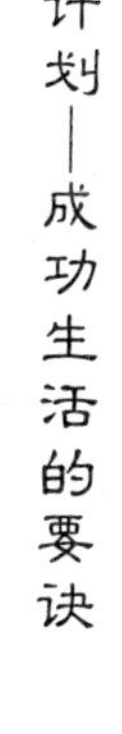